Schriftenreihe zur Zeitschrift für Unternehmensgeschichte
Band 1

In Verbindung mit Lothar Gall, Carl-Ludwig Holtfrerich
Manfred Pohl, Klaus Tenfelde.
Herausgegeben im Auftrag
der Gesellschaft für Unternehmensgeschichte
von Peter Borscheid, Wilfried Feldenkirchen, Jakob Tanner

Unternehmen im Nationalsozialismus

Herausgegeben von Lothar Gall
und Manfred Pohl

Verlag C. H. Beck München

Mit 3 Grafiken und Tabellen

Die Deutsche Bibliothek – CIP-Einheitsaufnahme

Unternehmen im Nationalsozialismus / hrsg. von Lothar Gall und Manfred Pohl. - München : Beck, 1998
(Schriftenreihe zur Zeitschrift für Unternehmensgeschichte ; Bd. 1)
ISBN 3 406 43354 5

[Zeitschrift für Unternehmensgeschichte / Schriftenreihe]
Schriftenreihe zur Zeitschrift für Unternehmensgeschichte / hrsg. im Auftr. der Gesellschaft für Unternehmensgeschichte. – München : Beck
Schriftenreihe zu: Zeitschrift für Unternehmensgeschichte
Bd. 1. Unternehmen im Nationalsozialismus. - 1998

ISBN 3 406 43354 5

Satz und Layout: Walter Lachenmann, Waakirchen
Druck und Bindung: C. H. Beck'sche Buchdruckerei, Nördlingen
Gedruckt auf säurefreiem, alterungsbeständigem Papier
(hergestellt aus chlorfrei gebleichtem Zellstoff)
Printed in Germany

Inhalt

LOTHAR GALL / MANFRED POHL

Einleitung

Gerade in jüngster Zeit hat sich das öffentliche Interesse verstärkt der Verstrickung von Unternehmen und deren Führungspersönlichkeiten in die Verbrechen des ‹Dritten Reiches› zugewandt. Durch immer neue sogenannte «Enthüllungen» wurde es angefacht und fand so seinen Weg bis in die Schlagzeilen der Zeitungen. Dies war sicherlich einer der Gründe für die große Teilnehmerzahl und die hohe Medienpräsenz bei der 20. Vortragsveranstaltung der Gesellschaft für Unternehmensgeschichte, die sich am 20. und 21. Juni 1997 im Frankfurter Poelzig-Bau, dem ehemaligen Hauptsitz der I.G.-Farben, dem Thema «Unternehmen und Unternehmer im Nationalsozialismus» widmete und deren Ergebnisse in diesem Band dokumentiert werden. Daneben war das breite Interesse wohl ein Ergebnis der Tatsache, daß es hier gelang, gewissermaßen alle Parteien an einen Tisch zu bringen: Wissenschaftler, die ihre Forschungsergebnisse vorstellten, und Unternehmensrepräsentanten, die aus ihrer Sicht dazu Stellung bezogen.

Das Ziel der Veranstalter bestand darin, anhand von ausgewählten Beispielen die Rolle von Unternehmen und Unternehmern im Nationalsozialismus zu analysieren und diesbezügliche Forschungsergebnisse einer breiteren Öffentlichkeit zugänglich zu machen. Um ein tieferes Verständnis der damaligen Umstände, Befindlichkeiten und der Motive der handelnden Personen, um Aufklärung in der Sache also ging es. Die Sache, das ist die Untersuchung des Verhaltens und der Rolle von Unternehmern und Unternehmen im Nationalsozialismus, und zwar eingebettet in den historischen Kontext – also unter Berücksichtigung der wirtschaftlichen und geschäftlichen Entwicklungen, der politischen und sozialen Rahmenbedingungen, der geistigen und kulturellen Strömungen der Zeit. Mit der Frage nach dem Verhalten der Unternehmen und Unternehmer wurden vor allem zwei Komplexe angesprochen: erstens sollte versucht werden zu klären, wie sie sich faktisch verhielten und zweitens sollten ihre Motive ergründet werden.

Die Tagung war daher so aufgebaut, daß in einem einführenden Vortrag zunächst die Ergebnisse der bisherigen Forschung präsentiert wurden, bevor vier Sektionen einzelne Branchen näher beleuchteten. Die Bereiche Banken, Automobilindustrie, Verkehr und Chemie wurden zunächst in Hauptreferaten ausführlich erörtert, an die sich Kommentare anschlossen. Zum Abschluß einer jeden Sektion schilderten Vertreter führender Unternehmen der jeweiligen Branche gewissermaßen die «Innensicht» der Thematik und nahmen Stellung zum Umgang mit der eigenen Vergangenheit. Eine lebhafte Podiumsdiskussion der Hauptreferenten bildete den Abschluß der Tagung; in ihrem Verlauf wurden zugleich die Erkenntnisziele formuliert, mit deren Klärung die Forschung derzeit beschäftigt ist.

Auf den Primat der Politik wies *Henry A. Turner* zu Beginn der Tagung hin. Dieser habe auch das Verhältnis zwischen Unternehmern und dem nationalsozialistischen Regime weitgehend bestimmt. Das bedeute natürlich nicht, daß die Unternehmer gänzlich ohne Einfluß gewesen seien, aber in der Forschung herrsche doch mittlerweile weitgehende Einigkeit darüber, daß alle grundsätzlichen Entscheidungen von der politischen Seite gefällt wurden und die Unternehmer vor allem die letzten Ziele des nationalsozialistischen Regimes kaum beeinflußt hätten. Die Unternehmer hätten sich allerdings, auch das sei unstrittig, nach anfänglicher Skepsis gegenüber der NSDAP schnell mit den neuen Machthabern arrangiert. Unternehmer dienten sich dem Regime an, waren aus Opportunismus oder Überzeugung Ausführende und wurden in die Verbrechen des Regimes verwickelt, indem sie beispielsweise Zwangsarbeiter beschäftigten oder materielle Vorteile aus der sogenannten Arisierung jüdischen Vermögens zogen. Einhelliges Ergebnis bisheriger Forschung sei es außerdem, daß Unternehmer keinen nennenswerten Widerstand geleistet hätten, Männer wie Oskar Schindler oder Berthold Beitz vielmehr Ausnahmen von der Regel bildeten.

Nach diesem allgemeinen, die Haupttendenzen betonenden Überblick widmeten sich die Sektionen zu den einzelnen Branchen der Frage nach den konkreten Zeitumständen, dem Verhalten und den Motiven in den speziellen Fällen. In allen Beiträgen stand dabei im Mittelpunkt, in welcher Form und in welchem Ausmaß die Unternehmen an den Verbrechen des ‹Dritten Reiches› beteiligt waren, von wem in konkreten Situationen die Initiative ausging und welche Handlungsspielräume ihnen jeweils blieben, welches ihre Motive waren und welche Erwartungen sie hatten. Wie konnte Widerstand gegen ein totalitäres und zugleich populäres Regime geleistet werden? Welche Mittel standen dabei zur Verfügung? Sollte und konnte auf moralisch fragwürdige Gewinne verzichtet werden trotz konkurrierender Unternehmen? Wie vertrugen sich eventuelle materielle Verluste mit beruflichen Pflichten? Wie moralisches Bewußtsein und einengendes Berufsethos? Welches sind überhaupt angemessene Maßstäbe zur Beurteilung des Verhaltens von Unternehmern?

Die Doppelrolle der Banken als Opfer und Täter zugleich benannte *Harold James* als das wesentliche Kennzeichen für das Verhältnis der Branche zum Nationalsozialismus. Täter waren sie als Nutznießer der Arisierung und indem sie Unternehmensübernahmen in eroberten Gebieten finanzierten. Zu verstehen war ihr Verhalten nur vor dem Hintergrund der allgemeinen geschäftlichen Entwicklung: Europaweit verlor das Kreditgeschäft an Bedeutung und in Deutschland boten sich den Banken unter den Rahmenbedingungen des ‹Dritten Reiches› lukrativere Verdienstmöglichkeiten, bei der Überführung jüdischer Unternehmen in nichtjüdischen Besitz, der Arisierung also. Zwiespältig ist diese Beteiligung der Banken an den Verbrechen des nationalsozialistischen Regimes deshalb zu beurteilen, weil die Banken durch ihre Unterstützung einerseits dem Staat halfen, seine Ziele zu verwirklichen, sie andererseits dadurch gleichzeitig den verfolgten Juden halfen, für ihren Besitz zwar einen nur lächerlich geringen, damals aber überlebenswichtigen Gegenwert zu erhalten. Opfer waren die Banken, indem sie in eine dienende Rolle eingepaßt wurden. Den Boden bereitet hatte das allgemein schlechte Ansehen der Banken: Im Unterschied zu den hoch angesehenen industriellen Unternehmern genossen die Bankiers einen sehr viel schlechteren Ruf. Die Nationalsozialisten verstärkten diese unterschiedliche Einschätzung noch, indem sie in ihrer Propaganda – mit Zielrichtung natürlich vor allem auf die Juden – zwischen schaffendem und raffendem Kapital unterschieden. Interessanterweise internalisierten viele Bankiers diese Kritik, und einmal in eine dienende Rolle gedrängt, wurden sie passiv und machten sich durch ihre Kurzsichtigkeit mitschuldig am moralischen Niedergang.

Gegenüber der Doppelrolle der Banken sah *Hans Mommsen* die Automobilindustrie stärker mit dem NS verbunden. Dem Volkswagenwerk bescheinigte er eine aktive Komplizenschaft mit dem System im ‹Dritten Reich›. Die mangelnde Planungssicherheit führte dazu, daß die Investitionen zurückgingen und sich das Augenmerk auf die Friedensproduktion richtete. Um zu überleben, nahm VW an der Rüstungsproduktion teil, das Ziel der Massenproduktion des VW blieb jedoch bestehen. Ähnlich wie Daimler Benz setzte das Management Zwangsarbeiter mit dem Ziel ein, alle verfügbaren Kapazitäten auszunutzen, um für die Friedensproduktion gerüstet zu sein. Paradoxerweise war das Unternehmen ausgerechnet zu dem Zeitpunkt, an dem es sich innerlich längst von den Zielsetzungen des Regimes distanziert hatte und bei seinen Planungen von dessen Untergang ausging, am tiefsten in seine Verbrechen verstrickt. Die Beschäftigung der Zwangsarbeiter wurde dem Konzern nicht aufgezwungen, vielmehr ergriff VW die Initiative bei bestehenden Spielräumen und wurde damit zum aktiven Komplizen des Regimes. Um die Lage der Zwangsarbeiter kümmerte sich das Management dabei nicht.

In seiner detail- und facettenreichen Nachzeichnung der Geschichte der Reichsbahn während der Zeit des Nationalsozialismus hob *Klaus Hildebrand* die Bedeutung der Mentalität hervor, des besonderen kulturellen Umfelds für die Beteiligung der Reichsbahn als Institution wie als Personenverband an den Verbrechen des nationalsozialistischen Regimes. Eine Mischung von Sekundärtugenden wie Korrektheit, Ehrlichkeit und Ordnung, nationale Gesinnung, Berufsethos ermöglichte die Beteiligung von Beamten an dem Transport der Hälfte der ermordeten Juden und der Beschäftigung von Zwangsarbeitern. Gehorchen, schweigen und dienen – die Erfüllung der Beamtenpflicht habe als eine Art Schutzschild gegenüber der grausigen Wirklichkeit gedient.

Daß das für die Geschichte des ‹Dritten Reiches› schon allgemein bekannte Phänomen der kumulativen Radikalisierung auch für die Privatwirtschaft feststellbar sei, erläuterte *Peter Hayes* am Beispiel der I. G. Farbenindustrie. Die Geschichte der I.G. Farben sei ein Lehrstück, wie unter den Bedingungen einer Diktatur «kommerzielle und politische Zielstrebigkeit» gegenseitig aufeinander einwirken. Nach anfänglicher Distanz näherten sich die I.G. Farben dem neuen Regime allmählich an und wurden in die barbarische Arbeitspolitik des ‹Dritten Reiches› verwickelt. 1941 errichtete der Konzern eine Fabrik in Auschwitz und gab damit der SS einen Beweggrund, das KZ Auschwitz zu erweitern. Wenige Monate später befand sich dort das «Zentrum des Massenmordes».

Neben dem Austausch über Inhalte und Ergebnisse der eigenen Forschungen bot die Tagung auch Gelegenheit, sich über eine Reihe von Schwierigkeiten methodischer und inhaltlicher Art zu verständigen, die typischerweise jedem begegnen, der sich mit der Geschichte des ‹Dritten Reiches› befaßt. Zunächst einmal müssen geeignete Kategorien gefunden werden, mit denen die Komplexität der betrachteten Phänomene erfaßt werden kann. Die vielfältigen Wirkungszusammenhänge entziehen sich vielfach Kategorisierungen, die sich für andere Epochen durchaus bewährt haben. Wird es beispielsweise der Sache gerecht, Ferdinand Porsche deshalb als apolitisch einzustufen, weil er in erster Linie daran interessiert war, seine Ideen für die Konstruktion von Automobilen umzusetzen, und ihm das politische Umfeld gleichgültig war? Porsche war subjektiv kein Anhänger des Nationalsozialismus, bediente sich aber der Möglichkeiten des Regimes – Hitlers Hochschätzung, die finanziellen Möglichkeiten und die Aufstockung der Belegschaft durch die Zwangsarbeiter bildeten den Rahmen, innerhalb dessen er seine technologischen Ziele umsetzen konnte. Sein Verhalten scheint eher typisch gewesen zu sein für die zeitübliche Verschränkung zwischen privater und öffentlicher Sphäre, und sei das nicht ein Beleg dafür, daß die sich damals vollziehenden strukturellen Veränderungen einen anderen Begriffsapparat verlangten? Welches ist überhaupt ein geeignetes analytisches Instrumentarium, um die Rollenverteilung zwischen Staat und Unternehmen zu erklären? Unter den gegebenen Umständen, nämlich daß die Unternehmen privatwirtschaftlich ausgerichtet waren, das Konkurrenzprinzip galt und Politik sich darauf konzentrierte, einen ordnungspolitischen Rahmen zu setzen, innerhalb dessen die Unternehmen langfristige Gewinnmaximierung als Ziel verfolgten, war formal und rein ökonomisch gesehen die Beschäftigung von Zwangsarbeitern rational. Der Einsatz ausländischer Arbeiter war dann lediglich das nachgeordnete Problem einer unternehmerischen Wachstumsstrategie, deren Umsetzung es erforderte, Sachkapital und Humankapital für das Unternehmen zu sichern. Gilt nicht gerade angesichts dieses zynisch anmutenden Ergebnisses, daß Handlungsspielräume auch ökonomisch rational handelnder Wirtschaftssubjekte durch ein Minimum an Menschlichkeit zu begrenzen seien? Müßte man sich der Thematik dann nicht doch mit Begriffen wie *citoyen* und *bourgeois* annehmen und einem jeden Staatsbürger prinzipielle Verantwortung für öffentliche Angelegenheiten zusprechen und damit auch Unternehmern wie Managern zumindest mittelbar Verantwortung für den politischen Rahmen zusprechen? Denn erstaunlich, ja allzu schnell, so wurde immer wieder betont, arrangierten sich Großunternehmer und Interessenverbände mit den neuen Machthabern und waren bereit, für Profite auf unternehmerische Freiheiten zu verzichten, ihre liberalen Wirtschaftsprinzipien und Überzeugungen zu opfern.

Handlungsspielräume auszumessen, das klingt zunächst nach einem überaus plausiblen Forschungsziel. Die Umsetzung gerät in der Praxis jedoch häufig zu einer schwierigen Gratwanderung zwischen einerseits der Sogkraft, die von der Macht des Faktischen ausgeht und in deren Licht Entwicklungen unvermeidlich erscheinen, und andererseits der Gefahr, vermessene Ansprüche an die Tapferkeit im Irrealis der Vergangenheit zu formulieren. Welche Gelegenheit blieb denn den Banken beispielsweise praktisch, sich zu widersetzen? Hatten sie nicht verglichen mit den Militärs schlicht weniger Möglichkeiten, Widerstand zu leisten? Oder der Fall Robert Bosch, der mit seinem Direktorium seit 1938 geradezu konspirativ tätig war, eine Anlaufstelle für den Widerstand bildete und damit eines der raren Beispiele für Widerstand aus Unternehmerkreisen ist. Auch Bosch war dem Primat der Politik unterworfen und zögerte nicht, Zwangsarbeiter in der Produktion einzusetzen, denn trotz polykratischem Chaos und wirtschaftlichen Freiräumen entschied letztendlich der Führer.

Neben vielen Meinungsverschiedenheiten im Detail, unterschiedlichen Untersuchungsergebnissen und Herangehensweisen herrschte doch am Ende der Tagung wiederum weitgehende Einigkeit, als es um die Formulierung von Erkenntnisinteressen und die Skizzierung zukünftiger Forschungsprojekte ging. Allgemein, so der Tenor, sind Wirtschaft und sind Unternehmen einer der Gegenstandsbereiche des ‹Dritten Reichs›, die der Aufklärung bedürfen. Insbesondere muß dabei die Verstrickung der Unternehmen in den Holocaust genau untersucht werden. Nach wie vor nimmt also die Klärung des faktischen Verhaltens der Unternehmen im Einzelfall einen wichtigen Raum in der Forschung ein.

Weitgehend ungeklärt und im Dunkeln liegen dagegen immer noch die Motive der handelnden Personen. Warum gab es ausgerechnet in einem Milieu, in dem dem Anspruch nach eigentlich Tugenden wie Freiheit, Initiative und unternehmerischer Mut hochgehalten wurden, fast keinen Widerstand, während Organisationen wie die Armee, die ans Dienen gewöhnt waren, in denen Gehorchen ein Karriereprinzip bildete, Widerstandskämpfer hervorbrachten? Es bedarf individualisierender, auf den jeweiligen Fall konzentrierter Untersuchungen, in denen die Frage nach Handlungsspielräumen und Zwängen im Vordergrund steht. In darauf aufbauenden vergleichenden Untersuchungen müßte nach einer überindividuellen Erklärung für das Verhalten der Unternehmer bzw. Manager gesucht werden. Ziel solcher vergleichender Studien wäre die Erarbeitung einer Verhaltenstypologie. Autoritäre Denkmuster, legalistische Einstellungen, apolitische Professionalität und Statusverbundenheit könnten Bestandteile eines Verhaltensmusters von Unternehmern und Managern sein. Generell sollten vermehrt, auch darüber war man sich einig, kleinere und mittlere Unternehmen sowie Entscheidungsprozesse untersucht werden, da ebenfalls noch weitgehend ungeklärt ist, ob und wenn ja, welche Unterschiede in Struktur und Organisation relevant waren. Inwieweit beispielsweise waren Eigentumsverhältnisse oder die Struktur von modernen Unternehmen wichtig für das Zustandekommen von Entscheidungen. Das heißt, der Prozeß der Willensbildung müßte verstärkt im Blickpunkt von Untersuchungen stehen.

Die generellen Voraussetzungen zur weiteren Erforschung dieses Gegenstandes und zur Klärung offener Fragen sind in den letzten Jahren immer besser geworden, da Unternehmen im zunehmenden Maße ihre Archive öffnen. Ein Wegbereiter war hier die Deutsche Bank, die einem Kreis von Forschern seit 1989 ohne alle Auflagen ihre Archive öffnete. Mittlerweile ist die Allianz diesem Beispiel gefolgt und noch während der Tagung hat der Generalbevollmächtigte der Degussa, Dr. Michael Jansen, angekündigt, die Beteiligung des Unternehmens an der Finanzierung des Krieges finanziell und durch Öffnung der eigenen Archive zu unterstützen. Man kann so wohl von einem generellen Einstellungswandel auf seiten der Unternehmen sprechen, der mittlerweile stattgefunden hat. Klaus Kocks, Vorstandsmitglied bei VW, mag hier als Beispiel angeführt werden, wenn er nach dem Vortrag von Hans Mommsen zu den Beweggründen von VW, Forschern den Zugang zu dem Archiv zu ermöglichen, sagte: Aus der Erkenntnis heraus, daß die Geschichte von VW nicht dem Vorstand gehöre, sei der Aufbau eines Archivs angeregt worden, um die Quellen zu sichern und Forschung zu ermöglichen. Auf lange Sicht hin ist eine an der Sache interessierte und aufmerksame Öffentlichkeit sicherlich der beste Garant dafür, daß der Forderung nach der Öffnung der Archive stattgegeben wird. Ein solches Interesse wachzuhalten, ist eines der Ziele dieses Buches, und auch in diesem Sinne steht zu hoffen, daß die während der Tagung gehaltenen und hier veröffentlichten Beiträge eine breite Leserschaft finden.

HENRY A. TURNER

Unternehmen unter dem Hakenkreuz

Eine bekannte Eigenschaft von Wissenschaftlern ist ihre Gewohnheit, wenn sie einmal zusammengekommen sind, bald durch ihre Ansichten auseinanderzugeraten. Ich bin zuversichtlich, daß die Teilnehmer an unserer Veranstaltung in dieser Hinsicht nicht enttäuschen werden. Man kann sich darauf verlassen, daß auch sie ihr Pensum an Meinungsverschiedenheiten zum Ausdruck bringen werden. Daher möchte ich am Anfang unserer Diskussion darauf aufmerksam machen, daß unter denjenigen, die sich mit dem Problembereich Unternehmer und Unternehmen im Dritten Reich wissenschaftlich befaßt haben, weitgehende Übereinstimmung über eine Reihe wichtiger Punkte herrscht. Bei meinen Berufskollegen bitte ich im voraus um Verzeihung, weil vieles, was ich sagen will, für sie Binsenwahrheiten sein werden. Aber meiner Erfahrung nach besteht gerade dann, wenn Fachleute unter sich sind, die Gefahr, daß Binsenwahrheiten, die oft durchaus gültig sind, unerwähnt bleiben. Zum Schluß möchte ich einige Fragen stellen, die im Laufe unserer Diskussionen kaum endgültig beantwortet, aber doch hoffentlich zumindest in Erwägung gezogen werden können.

Alle Teilnehmer werden, glaube ich, zustimmen, daß manche Fragen, die vor dreißig Jahren, als einige von uns anfingen, über das Verhältnis zwischen Unternehmertum und Nationalsozialismus zu forschen, heiß umstritten waren, nicht mehr kontrovers sind. Zu einem erheblichen Grad ist dies der Bereitschaft derjenigen deutschen Firmen zu verdanken, die der Wissenschaft großzügiges Entgegenkommen gezeigt haben, indem sie ihre Archivalien der Forschung bedingungslos geöffnet haben. Es gehörte dazu etwas Mut, denn früher in der Abwesenheit von soliden Kenntnissen, hatten finstere, grob vereinfachende Versionen der Rolle der deutschen Unternehmer und Unternehmen floriert. Aufgrund von unanfechtbaren Forschungsergebnissen sind jedoch diese einfältigen Versionen durch ein viel differenzierteres Geschichtsbild ersetzt worden. Auch einst ernstgenommene globale Theorien, die sowohl das Zustandekommen wie auch das Walten des Dritten Reiches auf wirtschaftliche Ursachen zurückführten, haben ihre Glaubwürdigkeit durch die wissenschaftliche Forschung der letzten dreißig Jahre verloren.

Die ausgeklügeltsten solcher Theorien hatten ihren Ursprung bekanntlich in der ehemaligen DDR. Der von dort stammenden sogenannten Monopolgruppentheorie zufolge, war das, was zwischen 1933 und 1945 geschehen ist, auf einen Kampf zurückzuführen, der angeblich hinter den Kulissen zwischen rivalisierenden Lagern von monopolkapitalistischen Unternehmen geführt wurde. Die auch in der DDR erdachte Theorie des «staatsmonopolistischen Kapitalismus», kurz als Stamokap bekannt, verkündete eine Verschmelzung von Wirtschaft und Staat im Dritten Reich zu einem einheitlichen Gesamtsystem, dessen Ziel es war, einen verzweifelten letzten Versuch zu machen, den unausweichlichen Untergang des «Spätkapitalismus» durch Knechtung der Arbeiterklasse und Ausbeutung von eroberten Ländern abzuwenden. Von diesen und ähnlichen von westlichen Intellektuellen aufgestellten Theorien, die das Dritte Reich als Ausdruck des Kapitalismus dargestellt haben, werden wir, möchte ich voraussagen, herzlich wenig während dieser zwei Tage hören. Die solchen Theorien zugrunde liegende Annahme eines Primats der Wirtschaft ist aufgrund der Forschungsergebnisse der letzten dreißig Jahre unhaltbar geworden.

Dagegen überwiegt heute die Ansicht, daß im Verhältnis zwischen Unternehmertum und Nationalsozialismus ein weitgehender Primat der Politik geherrscht hat. Damit soll nicht behauptet werden, daß die Unternehmer ohne Einfluß waren, sondern daß die entscheidenden Impulse vom politischen Bereich, nicht von der Seite der Wirtschaft ausgingen. Daß beim Zustandekommen des Dritten Reiches ein Primat der Politik ausschlaggebend war, ist nicht mehr ernsthaft zu bestreiten. Vor der Machtübernahme war der Nationalsozialismus für fast alle Großunternehmer ein rätselhaftes Phänomen, und Parteigenossen aus ihren Reihen waren Seltenheiten. Auf der einen Seite fanden sie die starken nationalistischen Töne der Hitlerbewegung, deren Feindschaft gegenüber den Sozialdemokraten und Kommunisten sowie deren Ablehnung der parlamentarischen Demokratie verlockend. Auf der anderen Seite wurden Unternehmer durch die antikapitalistischen und ständestaatlichen Tendenzen der NSDAP sowie durch ihre Neigung zu einer den Außenhandel drosselnden Autarkie abgestoßen. Trotz der Beschwichtigungsbemühungen Hitlers blieb unter den führenden Unternehmern bis zur Machtübernahme die Ansicht weit verbreitet, daß von den Nationalsozialisten doch wohl eine Art Sozialismus zu fürchten wäre. Obwohl die meisten Großunternehmer keine Demokraten waren und zur Destabilisierung der Weimarer Republik beigetragen haben, war eine Unterstützung der NSDAP von ihrer Seite finanziell wie durch Einflußnahme die Ausnahme, nicht die Regel. Wir wissen weniger von der politischen Tätigkeit der mittleren und kleineren Unternehmer. Da sich die NSDAP aber weitgehend selbst finanzierte, können etwaige Geldspenden von solchen Unternehmen nicht von großer Bedeutung für ihren Aufstieg gewesen sein. Und bei den Ereignissen, die Hitler schließlich an die Macht brachten, spielte das Unternehmertum keine nennenswerte Rolle. Politisches Gewicht und politischer Einfluß, nicht wirtschaftliche Potenz, gaben beim Zustandekommen des Dritten Reiches den Ausschlag.

Es gibt auch Übereinstimmung darüber, daß während der zwölf Jahre des Dritten Reiches ein Primat der Politik herrschte. Hitler und seine Regierung waren zwar auf die Wirtschaft für die materiellen Mittel angewiesen, die für die Verfolgung ihrer Ziele unerläßlich waren. Um die Produktion dieser Mittel zu steigern, haben die Machthaber Gremien von Unternehmern mit weitgehender Autorität auf dem Gebiet der Wirtschaft ausgestattet, insbesondere in der sogenannten unternehmerischen Selbstverwaltung der Kriegsjahre. Jedoch, wie sich eindeutig aus den Forschungsergebnissen eines halben Jahrhunderts ergibt, hatte das Unternehmertum keine Stimme in der Zielsetzung des NS-Regimes. Alle grundsätzlichen Entscheidungen wurden von einer politischen Führung gefällt, die die Wirtschaft als bloßes Werkzeug für die Verwirklichung von weitgesteckten ideologisch bestimmten Zielen betrachtete, deren volle Radikalität nur langsam aufgedeckt wurde. Das Regime zeigte zudem wenig Verständnis für die Beschränkungen der deutschen Wirtschaft und neigte dazu, sich über Hemmnisse wirtschaftlicher Art hinwegzusetzen, ohne sich um die Wünsche der Unternehmer zu kümmern.

Nichtsdestoweniger stimmen Historiker heute darüber überein, daß die deutschen Unternehmer sich schnell mit dem Dritten Reich abgefunden haben. Am Anfang konnte man glauben, die neue Regierung sei keine rein nationalsozialistische, sondern eine Koalition von «nationalen» Kräften, in der Konservative in der Mehrheit waren. Aber auch nachdem Hitler seine Diktatur durchgesetzt hatte, fügten sich die Unternehmer willig. Sie trauerten der «Parteienherrschaft» der parlamentarischen Demokratie von Weimar nicht nach. Sie hatten nichts an der Unterdrückung der Arbeiterbewegung oder ihrem eigenen vom Regime verliehenen Herrschaftsstatus gegenüber ihren Belegschaften als «Betriebsführer» auszusetzen. Zu ihrer Erleichterung wurde auch aus den nationalsozialistischen Projekten für eine ständische Neuordnung der Wirtschaft nichts. Während der ersten Jahre des Regimes wurden die antikapitalistischen Tendenzen innerhalb der Partei gedämpft und konservative Persönlichkeiten wie der Bankier Hjlmar Schacht in den prominentesten wirtschaftspolitischen Posten installiert.

In der Zeit, als Hitler und seine Komplizen ihre Macht konsolidierten, die Verfassung sowie den Rechtsstaat aushöhlten und einen terroristischen Polizeistaat ausbauten, schien marktwirtschaftliche Normalität zu herrschen. Historiker sind sich, glaube ich, weiter darüber einig, daß in geschäftlicher Hinsicht die Friedensjahre des Dritten Reiches aus der Sicht der deutschen Unternehmer eine überwiegend positive Zeit waren. Nach dem tiefen Konjunkturrückgang der großen Depression erholte sich die deutsche Volkswirtschaft unter dem NS-Regime rasch, während in anderen Ländern die verheerenden Auswirkungen der Weltwirtschaftskrise andauerten. Hohe, zunehmende Gewinne ersetzten Verluste in den Hauptbüchern von deutschen Unternehmen. Millionen von Erwerbslosen fanden wieder Arbeit. Es läßt sich heute darüber streiten, inwieweit diese Entwicklung allein auf Maßnahmen des NS-Regimes zurückzuführen ist, weil weitgehende Übereinstimmung darüber herrscht, daß der Wirtschaftsaufschwung schon vor der Machtübernahme begonnen hatte. Aber für die damaligen deutschen Unternehmer hatte das Dritte Reich das gebracht, wonach sich Menschen in allen Ländern und in allen Zeiten, die wirtschaftlich tätig sind, am meisten sehnen, eine starke Hochkonjunktur, und zwar ohne Währungsinflation.

Hitlers außenpolitische Erfolge, die ohne Waffengebrauch wesentliche Teile der verhaßten Versailler Ordnung außer Kraft setzten und Deutschlands Machtstellung in der Welt dramatisch steigerten, haben das Ansehen seines Regimes unter Unternehmern noch erhöht. Das gleiche galt für die meisten Deutschen jener Zeit einschließlich vieler Arbeiter, die früher zu den verbittertsten Gegnern des Nationalsozialismus gezählt hatten, die sich jetzt jedoch wieder an Arbeit und Einkommen erfreuten. Da es damals keine freie Presse, keine freien Wahlen und keine zuverlässige Meinungsforschung gab, werden wir den Grad der Popularität des Regimes nie genau feststellen können. Aber die meisten Historiker, die sich mit dieser Zeit befaßt haben, werden mit mir übereinstimmen, daß die Nationalsozialisten eine starke Mehrheit erzielt hätten, wenn es in der Zeit von 1936 bis zum Kriegsbeginn eine freie Stimmabgabe gegeben hätte. Während der ersten Jahre des Krieges, als die Wehrmacht von Sieg zu Sieg zog, haben Unternehmer, wie die meisten anderen Deutschen, die mit Waffen errungenen Erfolge des Regimes gefeiert und sich willig angestrengt, das zu tun, was sie für ihre patriotische Pflicht hielten.

Trotz der Teilnahme der Unternehmer an der weitverbreiteten Zustimmung der Bevölkerung zum NS-Regime der Friedenszeit besteht unter Historikern weitgehende Übereinstimmung darüber, daß ab ungefähr 1936/37 ein Unterton von Unbehagen in ihren Reihen zu verzeichnen war. Bis spätestens dann hat sich nämlich herausgestellt, daß das Dritte Reich auch Nachteile für Unternehmer mit sich brachte. Eine ehrgeizige nationalsozialistische Organisation, die Deutsche Arbeitsfront, die sich anstrengte, die Arbeiter für das Regime zu gewinnen, indem sie für die betrieblichen Interessen der Belegschaften eintrat, machte den Unternehmern manchmal mehr Kopfschmerzen als die früheren Gewerkschaften, weil dahinter die Staatsmacht stand. Obwohl mit Ausnahme von jüdischem Vermögen das Prinzip des Privateigentums erhalten blieb, wurde die Verfügungsautorität der Unternehmer zunehmend eingeschränkt. Staatliche Kontrollen über den Zugang zu Rohstoffen, über Einfuhr, Ausfuhr und Devisen, sogar über die Verwendung von Profiten, engten die Entscheidungen der Unternehmer ein. Unwiderstehliche finanzielle Anreize lenkten Investitionen und Produktion in Richtungen, die vom Regime bestimmt wurden, die jedoch gegen die Eigeninteressen von vielen Unternehmen gingen. Als mit dem zweiten Vierjahresplan die Aufrüstung auf volle Touren kam, fand sich mancher Unternehmer von Seiten der Behörden unter Druck gesetzt, wirtschaftliche Rationalität im Interesse der politischen Ziele des Regimes zu opfern. Und wie die Einschüchterung der Eisen- und Stahlindustriellen bei der Gründung der Reichswerke Hermann Göring zeigte, war das Regime durchaus dazu fähig, mächtige konkurrierende Unternehmen eigener Prägung auf Kosten der Privatwirtschaft aus dem Boden zu stampfen, wenn Unternehmer nicht bereit waren, sich dem Willen der Machthaber zu beugen.

Sogar bei Personalentscheidungen auf höchster Ebene innerhalb der Firmen übten Handlanger des Regimes zunehmend Druck aus, um leitende Stellen mit willfährigen Personen zu besetzen und um den Einfluß von Eigenwilligen auszuschalten. Zum Groll von vielen berufsmäßigen Managern bezog eine Schar von sogenannten Parteibuchunternehmern hohe Posten in wichtigen Firmen. Nach Kriegsbeginn konnte ein Unternehmen, das sich nicht den Anforderungen der Behörden fügte, durch Entzug der Arbeitskräfte zur Einschränkung der Produktion oder gar zur Schließung gezwungen werden. Kurz gesagt, die «gelenkte Wirtschaft» des Dritten Reiches hatte trotz der Hochkonjunktur auch viele Schattenseiten für Unternehmer. Weil die neue Ordnung staatlicher Intervention in der Wirtschaft, ja sogar massiver Betätigung darin, keine Grenzen setzte, entsprach diese Ordnung der Vorliebe der Unternehmer bei weitem nicht.

Es gibt sogar Zeichen, die darauf hindeuten, daß führende Unternehmer unsicher waren, ob es für sie eine dauerhafte Rolle in einem nationalsozialistischen Staat der Zukunft geben würde. Wiederholt bin ich bei meinen Forschungen auf firmeninterne Dokumente gestoßen, die von Gerüchten berichten, die in Unternehmerkreisen durchaus ernst genommen wurden, wonach geheime Regierungsstellen an Plänen für die Sozialisierung der großen Konzerne arbeiteten. Wie der Zauberlehrling mußten die Unternehmer zusehen, wie eine unheimliche Kraft, deren Taten viele anfänglich bewundert hatten, sich zunehmend als unberechenbar und bedrohlich erwies.

Was die Einstellung der Unternehmer zum NS-Regime angeht, möchte ich hinzufügen, daß es meiner Erfahrung nach sehr schwierig ist, in dieser Hinsicht Eindeutiges festzustellen. Dies ist mir aufgefallen, als ich in der Hoffnung, Licht darauf zu werfen, vor einigen Jahren in Firmenarchive zurückgekehrt bin, die sich früher als reichhaltige Fundstätten für die Erforschung des Verhältnisses zwischen Unternehmertum und Nationalsozialismus vor der Machtübernahme erwiesen hatten. Ich wurde schwer enttäuscht von dem, was ich fand. Die gleichen prominenten Industriellen, die in ihrer Korrespondenz in der Zeit der Republik freimütig und ausführlich zu politischen Fragen Stellung genommen hatten, wurden kurz nach der nationalsozialistischen Machtübernahme in bezug auf Politik in ihren Briefen auffallend zurückhaltend. Wie sich aus ihrer Korrespondenz ergibt, wurden sie durch die Kenntnis gehemmt, daß es keinen Verlaß mehr auf das Postgeheimnis gab. Anstatt der reichhaltigen informativen Briefe der Weimarer Zeit fand ich infolgedessen zunehmend lapidare Mitteilungen, die oft auf Terminregelungen für persönliche Zusammenkünfte beschränkt wurden, wo politisch empfindliche Fragen vertraulich besprochen werden konnten. Es wäre völlig verfehlt, die damaligen Unternehmer, die objektiv gesehen zu den Privilegierten des Dritten Reiches zählten, als Unterdrückte darzustellen. Aber wenn man ihre Briefe aus jener Zeit liest, bekommt man den starken Eindruck, daß auch in ihren Reihen Angst vor der nationalsozialistischen Gewaltherrschaft nicht unbekannt war.

Wie ich kaum zu erwähnen brauche, ist es unumstritten, daß sich viele deutsche Unternehmer in die Dienste des NS-Regimes einspannen ließen. Viele traten der Partei nach der Machtübernahme bei – oft mehr aus opportunistischen Gründen als aus Überzeugung. Viele haben in den Gremien des Vierjahresplanes und der sogenannten Selbstorganisation der Wirtschaft während des Krieges gedient und sind damit zu Ausführenden der NS-Politik geworden, die dafür sorgten, die forcierten Rüstungsvorhaben bis kurz vor Kriegsende einzuhalten, oft auf Kosten von erheblichen innerindustriellen Konflikten. Andere sind viel weiter gegangen und wurden in die Verbrechen des Regimes verwickelt. Manche haben der NS-Rassenpolitik Vorschub geleistet, indem sie materielle Vorteile für sich und ihre Firmen aus der sogenannten Arisierung jüdischen Vermögens zogen. Einige haben Betriebe in besetzten Gebieten übernommen und ausgebeutet, andere haben Kriegsgefangene, Zwangsarbeiter und KZ-Häftlinge in ihren Betrieben unter unmenschlichen Bedingungen und zu niedrigem Lohn eingesetzt. Wie es in fast allen anderen Berufen des damaligen Deutschlands der Fall war, wurden manche Unternehmer tief in den moralischen Sumpf des Dritten Reiches gezogen.

Es herrscht heute endlich Übereinstimmung darüber, daß es seitens der damaligen deutschen Unternehmer keinen nennenswerten Widerstand gegen das NS-Regime gab. Einige versuchten die Auswirkungen der Rassenverfolgung des Regimes dadurch zu umgehen, daß sie jüdischen Kollegen halfen, mindestens einen Teil ihrer Vermögen beim Auswandern zu retten oder Stellen in ausländischen Filialen zu finden. Andere sahen davon ab, ihre Firmen an der «Arisierung» jüdischen Vermögens oder der Ausbeutung von Betrieben in besetzten Gebieten zu beteiligen. Andere haben sich dagegen gesträubt, Zwangsarbeiter anzunehmen bzw. versucht, die unmenschlichen Lebensverhältnisse dieser zu lindern. Tapfere Unternehmer wie Berthold Beitz, Oskar Schindler und Eduard Schulte, die ihr Leben riskierten, um Juden und andere Verfolgte vor der Mordmaschinerie des Regimes zu retten, waren aber Seltenheiten. In der letzten Phase des verlorengehenden Krieges haben zwar viele Unternehmer Schadensbegrenzung geübt, indem sie die Zerstörungswut des Diktators unterliefen, ihre Betriebe retteten und Pläne für eine Nachkriegszeit ohne Nationalsozialismus schmiedeten. Eine kleine Anzahl hielt zwar Kontakt zu konservativen oppositionellen Gruppen, aber keiner nahm an den Verschwörungen gegen Hitler aktiv teil.

Was die Behandlung dieser heiklen Aspekte vom Thema dieser Veranstaltung betrifft, möchte ich für unsere Diskussion einige Fragen empfehlen. Mit welchen Maßstäben soll man die damaligen Unternehmer messen? Die Versuchung ist groß, absolute Wertkategorien anzuwenden. Mir scheint es aber gerechter, die damaligen Umstände zu berücksichtigen. Wie konnte man als Unternehmer Widerstand gegen ein totalitäres Regime leisten, das bis weit in den Krieg große Popularität unter der Bevölkerung genoß? Welche Mittel und welche Gelegenheiten standen einem Unternehmer zu diesem Zweck zur Verfügung? Dabei soll nicht vergessen werden, daß die entmutigenden Aspekte dieser Situation sogar oppositionelle Kreise unter den Militärs, die im Gegensatz zu den Unternehmern über bewaffnete Gewalt verfügten, lange Zeit davor zurückgeschreckt haben. Was waren überhaupt die realistischen Handlungsspielräume der Unternehmer im Dritten Reich? Welche Möglichkeiten gab es unter den damaligen Umständen, sauber zu bleiben, ohne die berufliche Pflicht zu verletzen, das Unternehmen, das einem anvertraut wurde, einschließlich der Interessen seiner Aktionäre und Belegschaft – vor materiellen Verlusten zu schützen? Andererseits gilt es zu fragen, inwieweit ein einengendes Berufsethos das Bewußtsein von moralischer Verantwortung unter Unternehmern betäubt bzw. ausgeschaltet hat.

Es lohnt sich, auch nach der Rolle zu fragen, die diejenigen kapitalistischen Mechanismen, die in der «gelenkten Wirtschaft» des Dritten Reiches noch funktionierten, im Verhalten der Unternehmer gespielt haben. Inwieweit zum Beispiel wurden Unternehmer den Manipulationen des Regimes durch das Konkurrenzprinzip ausgesetzt, indem sie mitmachten, weil sie fürchteten, daß ihre eigenen Unternehmen von mitmachenden Konkurrenten überrundet würden? Inwieweit konnte ein Unternehmer auf moralisch fragwürdige Gewinne verzichten, ohne die eigene Stellung als Geschäftsmann gegenüber Konkurrenten zu untergraben? Weiter gilt es zu fragen, ob nicht deutsche Unternehmer jener Zeit durch einen naiven Patriotismus zur Unterstützung von Hitlers Regime und Kriegspolitik verleitet wurden? Ich erinnere mich ganz genau an einen Spruch, den ich als Kind während des Zweiten Weltkrieges in den USA wiederholt gehört habe: My country right or wrong. Jetzt, nach den Erfahrungen dieses in vieler Hinsicht schrecklichen Jahrhunderts, gehen wir alle, zumindest Westeuropäer und Amerikaner, kritischer mit Patriotismus um. Wäre es nicht also anachronistisch, über die Leichtgläubigkeit deutscher Unternehmer von vor einem halben Jahrhundert, als das geistige Klima ganz anders war, mit den Maßstäben von heute zu richten?

Was die Indienstnahme deutscher Firmen in die nationalsozialistische Kriegswirtschaft betrifft, wollen wir nicht vergessen, daß sich viele ausländische Unternehmer in den vom siegreichen Deutschland besetzten Ländern nicht wesentlich anders verhalten haben. Prominente französische Unternehmer dienten zum Beispiel willig in der wirtschaftlichen Selbstorganisation der Vichy-Regierung, die die Integration der Industrie Frankreichs in die sogenannte großraumwirtschaftliche Neuordnung Europas förderte, indem man den Wünschen der Deutschen entgegenkam. Bald nach der Niederlage ihres Landes haben zudem französische Industrielle eifrig nach Aufträgen von der Wehrmacht gestrebt. Vor die Wahl gestellt, mitzumachen oder ihre Firmen und Belegschaften der Gefahr der Stillegung auszusetzen, haben auch patriotische französische Unternehmer den gleichen Weg wie viele deutsche Unternehmer gewählt.

Zum Schluß kommend möchte ich ein Plädoyer für Nachsicht halten, zumindest in den Fällen derjenigen Unternehmer, die nicht als bewußte Mittäter am Verbrechen des NS-Regimes zu bezeichnen sind. Es wäre für uns leicht, die wir in glücklicheren Zeiten und in überaus freien Gesellschaften leben, im nachhinein alle diejenigen deutschen Unternehmer pauschal zu verurteilen, die das NS-Regime mit den materiellen Mitteln beliefert haben, die einen fürchterlichen Krieg und gräßliche Verbrechen gegen die Menschheit ermöglichten. Einem solchen Pauschalurteil würde es aber nicht nur an Gerechtigkeit fehlen, sondern auch an einer gebührenden Berücksichtigung der damaligen Umstände sowie der menschlichen Natur. Dies kann ich am besten betonen, wenn ich meine Bemerkungen mit Worten aus einem Brief schließe, der im Jahre 1955 von Richard Merton geschrieben wurde, der lange Zeit leitender Direktor der Metallgesellschaft hier in Frankfurt gewesen war, bis er in den dreißiger Jahren sein Vaterland Deutschland unfreiwillig verlassen hatte. Die folgenden Gedanken Richard Mertons möchte ich allen Teilnehmern an dieser Veranstaltung empfehlen: «Wenn ich vom Jahre 1933 ab nicht, wie so viele andere, in die Sünden des Nationalsozialismus hineingeschlittert bin, so ist das (...) nicht ein besonderes Verdienst von mir, sondern ich verdanke das der Tatsache, daß ich durch vier jüdische Großeltern davor geschützt war. (...) Andere (...), die nicht durch jüdische Großeltern geschützt waren, hatten die Option mitzumachen, Kompromisse zu machen, Brücken zu schlagen, etc. Das tat die große Mehrheit unter dem Zwang, ihre Stellung zu behalten, und wenn ich konsultiert wurde, habe ich solchen Leuten dann oft geraten, ruhig Parteimitglied zu werden, da sie auf diese Weise in der Lage waren, weiterhin Weib und Kind zu ernähren. Allerdings allen gegenüber, die nicht in dieser Zwangslage waren und trotzdem dabei sein wollten, habe ich von Anfang an eine gewisse Skepsis gehabt, aber auch Verständnis. Man *will* eben gerne dabei sein. Der Geltungstrieb ist ein sehr starker Trieb bei allen Menschen in allen Gesellschaftsklassen.»[1]

1 Ich verdanke Prof. Peter Hayes die Kenntnis dieses Dokuments, das das Datum 18. Februar 1955 trägt und sich im Archiv der Metallgesellschaft befindet.

HAROLD JAMES

Die Rolle der Banken im Nationalsozialismus

Das Verhalten der Banken und der Bankiers im Dritten Reich wurde durch zwei entscheidende historische Impulse geprägt. Erstens durch die scharfe politische und ideologische Kritik an der Finanzwelt, vor allem seitens der NSDAP, und zweitens durch die gewandelten wirtschaftlichen Rahmenbedingungen als Folge des Zusammenbruchs der deutschen Banken während der Weltwirtschaftskrise.

Schon im Weltkrieg und in der Inflation wurden Spekulanten oft als Feinde des Gemeinwohls denunziert und das Spekulantentum als kosmopolitisch oder jüdisch charakterisiert. Während der Weltwirtschaftskrise, vor der NS-Zeit also, kündigten Banken viele Kredite, u. a. auch Kredite an sehr labile Mittelstandsunternehmen, und halfen damit die Wirtschaftsmisere zu verschärfen. Das Gebaren der Banken wurde von einer mißtrauisch gewordenen Öffentlichkeit mit Argusaugen verfolgt. Viele Deutsche kritisierten den angeblich jüdischen Charakter des Bankgeschäfts. Diese Meinung war weit verbreitet und durchaus nicht allein auf die politische Gefolgschaft der NSDAP beschränkt. Die beiden Männer, die sich in der Spätweimarer Zeit in erster Linie mit den Nachwirkungen der Bankenkrise auseinandersetzen mußten, Reichskanzler Heinrich Brüning und Reichsfinanzminister Hermann Dietrich, äußerten, allerdings meist nur im privaten Kreis, auch solche Ansichten.

In der Propaganda der Nationalsozialisten spielten diese Argumente natürlich eine erheblich größere Rolle. Dort machte man einen Unterschied zwischen produktiver und spekulativer Wirtschaftstätigkeit und braute so ein eigentümliches Gemisch aus Nationalismus und Sozialismus, aus staatlicher Macht und wirtschaftlicher Kontrolle.

Den deutschen Wirtschaftsführern wurde die Rolle von Hagens Vasallen im Nibelungenlied zugedacht, wobei den Bankiers eine besonders niedrige, untergeordnete Stellung zukommen sollte. Solange die nationalsozialistische Diktatur währte, führte die Partei regelmäßige Angriffe gegen die Banken und die Bankiers. Diese gehörten, so argumentierte man, in die angeblich überwundene Wirtschaftsordnung des liberalen Individualismus. In ihnen sah man

Gegner der eigenen Vorstellungen von einem staatlich gelenkten Wirtschaftsleben, in dem nur ein produktiver Geist, nicht aber ein spekulativer, gedeihen könnte. Händler sollten durch Wirtschaftshelden ersetzt werden.

Der Druck kam zuerst nicht nur und nicht hauptsächlich von Seiten der Regierung. Im Gegenteil, die Straße, die eigene Belegschaft und die lokalen Parteibehörden spielten am Anfang, 1933, eine wichtigere Rolle. Zum Beispiel in Duisburg forderte die Kreisleitung der Partei die Deutsche Bank auf, ihre Hakenkreuzfahne einzuziehen, da es einem jüdischen Unternehmen nicht erlaubt sei, die Fahne der nationalen Bewegung zu hissen. Im schlesischen Hirschberg veranstaltete die örtliche Parteileitung eine ganze Serie von Diavorträgen zu den Banken zum Thema «Wie sie betrogen – wie sie schoben», in denen eine Liste von Spekulanten aus den Großbanken bekanntgegeben wurde.

Für die ersten Jahre blieb dieser populistische Druck regierungsseits erstmals nur latent. In der Enquete-Kommission 1933 verteidigte Reichsbankpräsident Schacht die Banken. Als aber 1937 Schacht aus dem Wirtschaftsministerium gedrängt wurde, fiel die schützende Hand weg und die deutsche Politik radikalisierte sich auch allgemein. In bezug auf die Wirtschaft offenbarte sich ein neuer Antisemitismus, der die Eliminierung der Juden aus der deutschen Wirtschaft forderte. Im Krieg radikalisierte sich dann wieder die nationalsozialistische Politik ganz erheblich.

Wie sollten die Banken auf diesen dramatischen Wandel der politischen und moralischen Werte reagieren? Einige Bankiers waren überzeugte Nationalsozialisten, so am bekanntesten Kurt von Schröder, der das entscheidende Treffen zwischen Hitler und von Papen Anfang 1933 arrangierte und auch auf Druck der Partei Emil Meyer und Karl Rasche bei der Dresdner Bank, wie später Karl von Halt und Heinrich Hunke bei der Deutschen Bank einsetzte. Aber diese Männer stellten eine Ausnahme dar und wurden auch nicht gesellschaftlich zur Bankelite gezählt. Selbst der Leiter der Reichsgruppe Banken, Otto Christian Fischer – ein altmodischer Bankier, der anfangs auf nationalsozialistischer Seite stand, hielt sich zunehmend auf Distanz zur Partei. Die Bankiers erkannten nämlich sehr wohl, daß die jetzt in Deutschland herrschenden Prinzipien im wesentlichen auf die Zerstörung der Wirtschaftsordnung zielten, in der und für die sie arbeiteten. Dennoch blieb ihnen nichts anderes übrig, als die neue Wirtschaftsdoktrin ernst zu nehmen, wenn sie ihrer historischen Rolle, zukünftige Entwicklungen abzuschätzen und zu beurteilen, weiterhin gerecht werden wollten. In der Geschichte der Banken während des Dritten Reiches spiegelt sich also der Konflikt zwischen zwei unterschiedlichen Verhaltensmustern. Auf der einen Seite steht die Verteidigung gegen die Einmischung von Partei und Staat, auf der anderen Seite der Wille zur Anpassung und Kompromißbereitschaft. Die Geschäftsleitung der Banken hätte wohl versuchen können, sich auf rein wirtschaftliche Aktivitäten zurückzuziehen; aber man lebte nun einmal unter einem Regime, das wirtschaftliche Handlungen zu politischen erklärte. Und in der normalen Banktätigkeit wie im Wettbewerb zwischen rivalisierenden Banken spielten die politischen Gegebenheiten eine wesentliche Rolle.

Für die Großbank, bei der in der Rekonstruktion nach der Banken- und Wirtschaftskrise der Staat die größte Rolle gespielt hat – so die Dresdner Bank, die mit der zusammengebrochenen Danat-Bank durch Notverordnung zwangsfusioniert wurde –, war eine öffentliche Einmischung in die Personalpolitik selbstverständlich. Der Staat besaß nun direkt fast 70 Prozent des Aktienkapitals. Schon 1931 und 1932 wurden die meisten der alten Direktoren entlassen, mit einigen Ausnahmen, die dann aber 1933 ausschieden. Aber die Neubesetzung war bis zur Machtergreifung Hitlers noch nicht vollständig, und diese Tatsache bot der Partei eine Chance. Als staatseigene Bank fiel die Dresdner Bank unter die Bestimmungen des neuen Gesetzes zur Wiederherstellung des Berufsbeamtentums, nachdem alle Juden, die seit 1914 eingetreten waren und nicht Frontkämpfer gewesen waren, entlassen wurden. Und auch zum Vorstand der Dresdner Bank wurden die sehr ideologischen Nationalsozialisten – beide enge Vertraute des radikalen Staatssekretärs Keppler – Karl Rasche und Emil Meyer berufen.

Ein Beispiel aus der Geschichte der Deutschen Bank, wo der Staat keinen direkten Aktienanteil besaß, zeigt den daher indirekten Einfluß des Staates: Als Sprecher der Deutschen Bank war Oskar Wassermann in den späten zwanziger Jahren für die Grundlinien der Bankpolitik verantwortlich gewesen; ihm lasteten nun weite Kreise die Schuld für die Bankenkrise von 1931 an. Er wurde aber gerade auch als Jude und Zionist angegriffen.

Im Zuge einer politischen Konzession der Bank an den Nationalsozialismus wurden die jüdischen Vorstandsmitglieder Theodor Frank und Oskar Wassermann gezwungen, ihre Ämter 1933 niederzulegen. Als Vorstandssprecher war Wassermann ganz besonders exponiert. In einem internen Bericht des Aufsichtsratsvorsitzenden Franz Urbig wurde ihm Führungsschwäche im Zusammenhang mit den Ereignissen vor dem Zusammenbruch des Bankensystems vorgeworfen. Nach einer Auflistung der Skandale, in die andere Vorstandsmitglieder verwickelt waren, hieß es weiter: «Wo war der Mann, der gegen den Verlauf solcher Einzelfälle doch nicht blind sein konnte? Wo war Herr Wassermann?» Ob Herr Wassermann Jude oder Christ war, hatte im Brief von Urbig damit nichts mehr zu tun. Praktisch spielte diese Frage natürlich jedoch eine große Rolle.

In Wassermanns Abwesenheit hatte der neu ernannte Reichsbankpräsident Schacht mit zwei führenden Persönlichkeiten der Bank gesprochen und vorgeschlagen, mehrere Juden aus dem Vorstand zu entfernen. Obwohl Wassermann sich bereit erklärte, Ende 1933 zurückzutreten, entschieden seine Kollegen am 20. Mai seinen Rücktritt schon vor der für den 1. Juni geplanten Hauptversammlung bekanntzugeben. Sie reagierten damit auf den Druck, der von der Partei ausging. Der Vorstandssprecher wurde also in einem vorauseilenden Akt – was Christoph Kopper ganz richtig als vorauseilenden Gehorsam benannte – entlassen.

Die jüdischen Vorstandsmitglieder der Deutschen Bank aus ihren Ämtern zu drängen, war ein bedenkliches und schmerzvolles Verfahren. Ihre Kollegen waren moralisch und menschlich entrüstet, hatten aber auch rein pragmatische Bedenken. Angenommen, die nationalsozialistische Revolution wäre nicht von Dauer? In den zwölf Jahren zwischen 1933 und 1945 war es ja nicht zu allen Zeitpunkten evident, daß der Nationalsozialismus ein tausendjähriges Reich sein mußte.

Georg Solmssen, als Nachfolger von Wassermann, Sprecher der Bank, erkannte klarer als irgend jemand sonst, was hier vor sich ging. Ein von ihm am 9. April 1933 an Urbig geschriebener Brief ist tiefst bewegend und auch auf erschreckende Weise prophetisch. «Lieber Herr Urbig! Die Ausstoßung der Juden aus dem Staatsdienst, die nunmehr durch Gesetz vollzogen ist, drängt die Frage auf, welche weiteren Folgen sich an diese, auch von dem gebildeten Teile des Volkes gleichsam als selbstverständlich hingenommenen Maßnahmen für die private Wirtschaft knüpfen werden. Ich fürchte, wir stehen noch am Anfange einer Entwicklung, welche zielbewußt, nach wohlaufgelegtem Plane auf wirtschaftliche und moralische Vernichtung aller in Deutschland lebenden Angehörigen der jüdischen Rasse, und zwar völlig unterschiedslos, gerichtet ist.»

Wenig später machte Solmssen einen ungewöhnlichen Vorschlag gegenüber dem Leiter der Pressestelle Hermann Görings. Auf einer Veranstaltung in seinem Privathaus in Berlin-Wannsee trat er dafür ein, daß sich die deutschen Juden gegen die von der Partei erhobenen Vorwürfe mit der Gründung eines eigenen Nationalrats verteidigen sollten, der «alle Beschwerden und Vorwürfe gegen das Judentum prüft und die Auswanderung jener organisiert, die sich als Schädlinge erwiesen oder unerwünscht sind».

Am Beispiel Solmssens, der doch 1933 viel klarer sehen konnte als viele Deutsche und viele deutsche Juden, erkennt man auch das Maß, in dem man sich geistig anpaßte und sich auch als Gegner manche Elemente der populistischen Kritik zu eigen machte. Es gab doch nach Solmssens Ansicht einige jüdische Bankiers, die sich tatsächlich als Spekulanten und Schädlinge betätigten.

Als solchen nämlich betrachtete Solmssen seinen großen und charismatischen Rivalen aus der Weimarer Zeit, den Danat-Chef Jakob Goldschmidt. Ein vielleicht noch erschreckenderes Beispiel dieser Anpassung an die populistische Kritik kommt in der Korrespondenz des Hamburger Bankiers Max Warburg vor, als er im Sommer 1932 – also vor der Machtergreifung Hitlers – schrieb: «Entweder wir gehen resigniert unter oder trotzen allen uns zugefügten Gemeinheiten durch eine kräftige Renaissance. Insofern begrüße ich die Nazibewegung, so traurig die vielen Ausschreitungen besonders für unsereinen sind.»

Es stellt sich also die Frage, warum hat man auch unter den traditionellsten und anständigsten Bankiers wie Solmssen und Warburg einige der populistischen Werte im großen gesellschaftlichen Umfeld internalisiert? Es war nicht nur eine Frage des Drucks von außen. Die Lage der Banken war so geschwächt; die Bankiers fühlten sich nicht mehr so kraftvoll und nicht mehr so mit der Macht vertraut.

Zweitens also erklärt die veränderte Lage der deutschen Wirtschaft das veränderte Selbstverständnis des Bankiers. Verfolgt man den deutschen Weg aus der Depression und hinein in die Zwangswirtschaft, so fällt es schwer zu unterscheiden, was mehr oder weniger zwangsläufig aus den finanziellen und wirtschaftlichen Katastrophen der Weltwirtschaftskrise resultierte und was auf die politischen Zielvorstellungen der neuen Machthaber in Deutschland zurückzuführen war. Beispielsweise büßte der Kapitalmarkt an Volumen ein und verlor an Bedeutung für die konjunkturelle Entwicklung. Das Kreditgeschäft der Banken erholte sich von der Weltwirtschaftskrise wesentlich langsamer als die übrige Wirtschaft. Aber beide Phänomene waren nicht nur in Deutschland oder ganz allgemein in Diktaturen anzutreffen, vielmehr charakterisierten sie die Entwicklung der europäischen Volkswirtschaften insgesamt. Es bedurfte also keiner dem Finanzkapitalismus ablehnend gegenüberstehenden nationalsozialistischen Regierung, um dem deutschen Kapitalmarkt seine Bedeutung zu nehmen. Insofern war die makroökonomische Entwicklung Deutschlands zu einem großen Teil vorprogrammiert, und die in den dreißiger Jahren gemachten Erfahrungen wären unter einer anderen Regierung die gleichen gewesen.

Das Kreditgeschäft ging zurück, weil die Unternehmer im Zuge der Deflation gelernt hatten, ihre Verschuldung möglichst niedrig zu halten. Zum anderen hatten aber auch die Banken nach 1931, nach dem Bankenzusammenbruch, allen Grund, vorsichtig zu sein. Jeder kluge Bankier hätte seine Lehren aus der Bankenkrise gezogen.

Wenn die einzige Aufgabe der Banken jetzt darin bestand, ihre Kundengelder in Staatsanleihen anzulegen und damit Privatvermögen der Staatsschuld zuzuführen, war ihre unabhängige Tätigkeit dann überhaupt noch gerechtfertigt? Gehörten Banken aus der Sicht einer gelenkten Wirtschaftsordnung nicht offenkundig der diskreditierten Welt des vergangenen, auf dem Individualismus beruhenden 19. Jahrhunderts an? So argumentierten in der Tat all jene, die an die neuen wirtschaftlichen Grundsätze der Lenkung und Kontrolle durch Partei und Staat glaubten. Im Bankgeschäft geht es darum, insbesondere wenn man die deutsche Erfahrung betrachtet, Risiken des Kapitalmarktes abzuschätzen und zu beurteilen oder allgemeiner gesagt, die künftige Entwicklung zu prognostizieren. In den dreißiger Jahren aber glaubten viele, primär in politischen Kategorien denkende Kommentatoren, daß der Staat alle diese Aufgaben besser bewältigen könne, vor allem in engerer Abstimmung mit den vorherrschenden sozialen und politischen Grundsätzen der Zeit. Und genau an diesem Punkt setzte das neue Regime an und beschritt einen anderen Weg als die Nachbarländer.

Manche Bankiers kritisierten zwar ziemlich öffentlich die neue Staats- und Rüstungswirtschaft, sie konnten aber nichts gegen deren Aufblähung unternehmen. Die Kontroverse spitzte sich Anfang 1939 zu, nach einem Memorandum der Reichsbank über die Ursachen des Scheiterns der letzten großen Reichsanleihe 1938. Das Konsortium der Geschäftsbanken debattierte sehr ausführlich über die Ursachen dieses Scheiterns und listete folgende Punkte auf, die ganz bezeichnend sind für das veränderte Wirtschaftswesen der dreißiger Jahre. Die Liste der Punkte: Ausfall der Industriezeichnungen, Übersättigung und Unlust des Publikums, Wegfall der jüdischen Zeichner und der Zeichner, die im Arisierungswege Geschäfte übernehmen wollen, Störung durch den angekündigten Geldbedarf der Reichsbahn, Überfütterung des Marktes ausschließlich mit Reichsanleihen ohne gleichzeitiges Angebot von anderen, insbesondere Industriewerten usw.

Was taten also die Bankiers in dieser Lage? Ein Geschäft läßt gewisse Ähnlichkeiten zu der klassischen Weise, wie Banken in Deutschland Unternehmen umstrukturierten und manchmal auch kauften, erkennen. Es gab in den letzten Friedensjahren ein lukrativeres Geschäft als nur die Umlegung von angelegtem Geld in Staatspapiere, nämlich die Überführung von jüdischen Unternehmen in nicht-jüdische Hände. Als Folge der Gesetzgebung standen im Laufe des Jahres 1938 immer mehr jüdische Unternehmen zum Verkauf, und meistens vermittelten Banken diese Verkäufe. Diese Verkäufe fanden üblicherweise nicht in der Öffentlichkeit statt, sondern wurden durch die Vermittlung der konkurrierenden Banken möglichst diskret abgewickelt.

Mit ihrer Beteiligung an der Arisierung in Deutschland luden die Banken eine schwere moralische Schuld auf sich. Auf der einen Seite halfen sie zwar manchen jüdischen Unternehmern; insbesondere jenen, die innerhalb der Grenzen des Deutschen Reiches von 1937 lebten. Hätten die Banken nicht in Deutschland den Verkauf von Vermögenswerten vermittelt, wäre es für die Opfer nationalsozialistischer Verfolgung noch schwieriger gewesen, wenigstens den sehr dürftigen Anteil zu retten, den sie nach den staatlichen Bestimmungen behalten und ins Ausland transferieren durften. Auf der anderen Seite waren die Banken durch den Abschluß dieser Geschäfte nicht nur an einem recht rentablen Provisionsgeschäft beteiligt, sondern sie erleichterten dem Staat auch die Realisierung seiner politischen, rassisch motivierten Ziele.

Schon Anfang 1939 konnte das Reichssicherheitshauptamt berichten, die Arisierungen wären im Bankgewerbe mit Hilfe der Privatbanken, besonders der Deutschen Industriebank, Reichs-Kredit-Gesellschaft und der Deutschen Bank, zum Abschluß gekommen. Auf diese Weise wurden die Banken in eine dienende Rolle gedrängt, wie dies schon 1933 von nationalsozialistischen Parteiideologen gefordert worden war. Ihre Handlungsweise mochte zwar in einzelnen Fällen so erscheinen, als sei sie von Mitgefühl mit früheren Geschäftspartnern wie Mendelssohn oder Hirschland bestimmt, aber insgesamt trug sie ohne Zweifel dazu bei, die Prinzipien von Eigentum und Moral in Deutschland zu unterlaufen.

Nach dem Münchener Abkommen begann die wirtschaftliche wie auch die politische Neuordnung Mitteleuropas. Im Krieg änderte sich die Lage. Die deutschen Banken konnten wieder eine bankmäßige, aufregende unternehmerische Tätigkeit ausüben und brauchten sich nicht nur hauptsächlich mit dem Recycling von Depositen in Staatsschuld zu beschäftigen.

In manchen besetzten Gebieten übernahmen deutsche Banken die Filialen bestehender Banken. In anderen besetzten Ländern faßten sie Fuß durch ihre bereits bestehenden Verbindungen zu Finanzinstituten oder deren vollständige Übernahme. Aus rein wirtschaftlicher Sicht schuf die deutsche militärische Expansion wieder das Umfeld, in dem die Banken, wie zur Zeit der Blüte des deutschen Universalbankensystems vor dem Ersten Weltkrieg, ihre Rolle angesichts neuer geschäftlicher Möglichkeiten und umfangreicher Besitztumsübertragungen spielen konnten. Sie organisierten riesige Übernahmen und Erwerbungen. Aber die neuen Möglichkeiten unterschieden sich fundamental von denen vor 1914. Sie waren ja politischer Natur, resultierten aus den militärischen Aktionen der Deutschen Wehrmacht. Diese Vorgänge sind besonders klar in den Fällen der in der Tschechoslowakei übernommenen Banken erkennbar: die Böhmische Escompte Bank, die durch die Dresdner Bank und die Böhmische Union-Bank, die durch die Deutsche Bank übernommen wurde.

Die Arisierung im besetzten Europa verlief ganz anders als die Übernahme von jüdischen Banken und Betrieben in Deutschland. In Deutschland waren die Großbanken oft bemüht, den rechtlichen Inhabern behilflich zu sein, im besetzten Europa dagegen herrschte Barbarei und Räuberei. Die Bankiers kümmerten sich hier wenig um die persönlichen Schicksale der Besitzer und der Angestellten der übernommenen Betriebe. Die Provisionen bei den Übernahmen waren auch bis zu zehnfach höher als in Deutschland.

Diese übernommenen Banken organisierten nun die Überleitung der tschechischen Wirtschaft und auch in anderen besetzten Gebieten in die Hände der neuen Wirtschaftsbetriebe in Deutschland: die Wirtschaftsbetriebe der SS und die Reichswerke Hermann Göring. Hier spielte die Konkurrenz der Banken auch eine Rolle. Seit ihrer Gründung waren die Bankverbindungen der Reichswerke Hermann Göring auf die Dresdner Bank konzentriert. Die Deutsche Bank hatte sich aber immer wieder nachdrücklich über ihre geringe Beteiligung in diesem recht vielversprechend erscheinenden Geschäft beklagt und die offensichtliche Vorliebe des Staatsunternehmens angeprangert.

Eigentumsübertragungen durch Verkäufe dieser speziellen Art waren zentraler Bestandteil der Strategie, das besetzte Europa während des Krieges für eine permanente «Neue Ordnung» nach dem Krieg vorzubereiten. Erst ein legaler Verkauf konnte die Übertragung dauerhafter gestalten, als dies die Einsetzung von Treuhändern durch das deutsche Militär zur Verwaltung des ausländischen oder fremden Eigentums vermochte.

Im Rückblick erscheinen diese Geschäfte mit ihrer Betonung von rechtmäßigem Verkauf doch sehr schwer für den Historiker verständlich, denn ihnen lag eine eigentümliche Mischung zugrunde. Auf der einen Seite hielten bei den Käufen die Reichswerke strikt die Handelsgesetze ein und legten Wert darauf, rechtlich einwandfrei zu sein, auf der anderen Seite agierten sie ebenso konsequent unmoralisch und kriminell. Es ist beispielsweise für den Historiker immer wieder verblüffend festzustellen, wie viel Zeit und Sorgfalt von den deutschen Banken aufgewendet wurde, um zerrissene und beschädigte Aktienzertifikate im besetzten Europa ausfindig zu machen und dann zu benutzen, um Eigentumsübertragungen zu registrieren. Von der Invasion Frankreichs im Jahre 1940 bis lange nach Landung der Alliierten in der Normandie und den anschließenden Kämpfen in Frankreich pendelten Bankkuriere mit versiegelten Koffern zwischen Paris und Berlin, um der «Neuen Ordnung» auf dem Papier Legalität zu verleihen. Korrektheit, Ehrlichkeit und Ordnung – also die Sekundärtugenden – gepaart mit der Vernachlässigung und Mißachtung aller menschlichen und moralischen Werte, charakterisierten das Verhalten von Behörden und auch von Unternehmen in dieser Phase der Diktatur.

Es war ebenfalls deutlich zu dieser Zeit, daß der staatliche Einfluß auf wirtschaftliche Angelegenheiten ständig zunahm. Der Staat bestimmte die Rüstungsgüterproduktion im besetzten Europa, er vergrößerte die Anzahl staatlicher Betriebe, und er legte geographisch definierte Einflußzonen für die einzelnen Banken fest. Nur gelegentlich wurde der Politik ihre Stoßkraft genommen, in der Regel dann, wenn eine Person an der Spitze eines Unternehmens der öffentlichen Hand in der schwierigen und gefährlichen Cliquenpolitik des nationalsozialistischen Deutschlands eine persönliche Niederlage erlitt.

Die Offensive der Partei gegen die Banken wurde 1942 mit einem Brief Martin Bormanns an Reichswirtschaftsminister Funk zum Thema Kreditkosten und übertriebene Gewinne von Banken in Kriegszeiten eingeleitet. Der Leiter der Parteikanzlei forderte, die Aufsichtsratssitze für Bankenvertreter zu begrenzen und Bankiers durch Experten aus der jeweiligen Branche zu ersetzen. Die Forderung nach Rationalisierung – das war das wichtigste Schlagwort im Winter 1941/42 und wurde auf alle Bereiche von Verwaltung und Wirtschaft bezogen – ließ sich von der Partei auch für ihr Ziel instrumentalisieren, eine Neuordnung des deutschen Finanzwesens herbeizuführen und dessen Macht einzuschränken.

Im Laufe des Jahres 1943 traten auch in der Bankenwelt die politischen Gefahren erschreckend deutlich zutage. Zwei Beispiele sind hier aus der Geschichte der Deutschen Bank zu nennen: Im November 1943 nahm der Arbeitsausschuß der Bank kommentarlos einen Bericht zur Kenntnis, wonach die Direktoren der Deutschen Bank-Filialen in Hindenburg in Oberschlesien und Stuttgart aufgrund defaitistischer Äußerungen zum Tode verurteilt worden waren.

Der Stuttgarter Direktor, Hermann Köhler, zu diesem Zeitpunkt 67 Jahre alt, war einer der ältesten Filialdirektoren der Deutschen Bank. Nach einer Geschäftsbesprechung hatte er auf einer Eisenbahnreise von München nach Stuttgart mit Blick auf den jüngsten Sturz Mussolinis zu den mit ihm reisenden Kollegen gesagt, der Faschismus sei sang- und klanglos verschwunden, bei uns werde es ebenso gehen; der Nationalsozialismus sei ja nur ein Furz. Wegen dieser Bemerkungen wurde Köhler von einem im Abteil mitreisenden Direktor einer anderen Bank angezeigt; er wurde festgenommen und vom Volksgerichtshof in Berlin verurteilt. Er versuchte sich damit zu verteidigen, daß er wegen des heißen Wetters zu viel Bier getrunken habe und sich an die Worte nicht erinnern könne, die er im Zug verwendet habe. Aber seine Verteidigung wurde abgewiesen, und am 8. Oktober verkündete das Gericht das Todesurteil neben einer Geldstrafe über 100 000 Reichsmark mit dem Zweck, seine Familie in die Armut zu treiben. Nur drei Wochen vor Köhlers Verurteilung war auch Georg Miethe aus Hindenburg verurteilt worden, nachdem ihn Angestellte seiner eigenen Filiale angezeigt hatten.

Zweifellos wußten die ranghöchsten Manager der Bank über ihre Umwelt Bescheid. Sie waren über den Verlauf und den Fortgang des Krieges informiert, und sie kannten die kriminellen Seiten des Regimes. Sie wußten auch, daß ein Netz von Konzentrationslagern Deutschland durchzog. Das war kein Geheimnis. Lediglich den Völkermord gegen rassisch definierte Minderheiten – gegen Juden, Slawen, Zigeuner – versuchte das Regime unter einem Schleier des Geheimnisses und des Euphemismus zu verstecken, nicht zuletzt um die Täter und ihre stillen Mitwisser näher an das Regime zu binden. Folglich geben die aus dieser Epoche erhaltenen Dokumente dem Historiker nur wenig konkrete Anhaltspunkte darüber an die Hand, inwieweit der Holocaust tatsächlich bekannt war. Der Historiker weiß zum Beispiel, daß Hermann Abs im Aufsichtsrat der I.G.-Farben saß, aber nicht, ob sich dieser Aufsichtsrat jemals Gedanken über die Errichtung eines Betriebes in Birkenau gemacht hat, für den die Arbeitskräfte aus dem Konzentrations- und Vernichtungslager Auschwitz kamen. Hätte er nicht etwas ahnen können? Unter der Diktatur aber herrschte ein Klima des Schweigens und des Nichtwissenwollen und daraus resultierte eine teilweise Mittäterschaft und Mitschuld.

Mit den bewußt oder unbewußt angestellten Überlegungen, inwieweit eine Anpassung an das «Neue Deutschland» die finanzielle und soziale Stellung von Bankiers verändern würde, konnten die meisten Finanzleute nur zu dem Schluß kommen, daß sie als Repräsentanten eines überflüssigen und in schlechtem Ruf stehenden Geschäftszweiges auf jeden Fall an Ansehen verlieren mußten. Das deutsche Bankwesen war traditionell von seinen weitreichenden Kontakten abhängig, formellen wie informellen, nationalen wie internationalen, in denen geschäftliche Verbindungen auf Vertrauen und einem Ehrenkodex beruhten. Dieses soziale Umfeld, das sich besonders durch seinen kosmopolitischen Charakter auszeichnete, korrespondierte mit einer der wichtigsten wirtschaftlichen Aufgaben der Banken, eine Fülle von Informationen zu sammeln und zu übermitteln. Den Nationalsozialisten erschien dies schlichtweg als ein diskreditiertes Geschäft, das der Vergangenheit angehörte. Aber diese neue Ideologie, die eine stark egalitäre Dimension hatte, wurde nicht einfach von außen, von Seiten des Staates oder der Parteiorganisation, in das Bankwesen hineingetragen. Diese neue Doktrin überzeugte vielmehr eine erhebliche Zahl von Bankangestellten, und schließlich wurde die nationalsozialistische Revolution in den Finanzinstituten überwiegend von einer inneren Dynamik mit bürokratischen Strukturen getragen.

Angesichts dieses allgemeinen Meinungswandels wurden die Bankiers zunehmend passiv. Die führenden Bankiers beteiligten sich nicht – Henry Turner hat das schon betont – am Widerstand oder an Verschwörungen gegen Hitler. Es ist bemerkenswert, daß aus den Reihen der alten Eliten Deutschlands zwar Soldaten, Diplomaten und Beamte und in einem gewissen Umfang auch Vertreter der Kirchen am Widerstand beteiligt waren, jedoch fast keine Unternehmer und keine Bankiers. Warum nur? Das war die Frage, die Henry A. Turner schon gestellt hat. Mir erscheint die Feststellung zu kurzschlüssig, dies habe einfach darauf beruht, daß Bankiers in Deckung blieben und sich darauf beschränkten, Geld zu verdienen. Anders als Generäle und Diplomaten, die auch in der Diktatur noch gebraucht wurden und wichtig waren, wurden die Bankiers grundsätzlich als parasitär angesehen. In dem Maße, in dem sie diese Kritik verinnerlichten, verloren sie die Fähigkeit zu wirkungsvollem politischem Handeln. Soldaten und Generäle spielten nun eine zentralere Rolle.

Dementsprechend begingen viele von ihnen schwerere Verbrechen als ein Bankier, der sich an seinem Schreibtisch mit dem Gleichgewicht über Soll und Haben beschäftigte, aber sie hatten auch mehr Möglichkeiten, moralisch zu handeln. Sie konnten eher zu Schurken werden als Bankiers, aber sie hatten auch die größere Chance, als Helden in die Geschichte einzugehen. Ihre moralische Bandbreite war weiter gesteckt. Sie umfaßte die ruchlose Brutalität und die Grausamkeiten an der Ostfront, aber ebenso die Heldentat vom 20. Juli 1944. Demgegenüber waren in dem Beispiel, das ich vorher erwähnt habe, die beiden Männer der Deutschen Bank, die vom Volksgerichtshof verurteilt wurden, keine Helden. Sie hatten einfach Pech gehabt. Hermann Abs, ohne Zweifel das dynamischste und kreativste Vorstandsmitglied der Deutschen Bank während des Krieges, war zwar in der Lage, wenn auch in etwas verschleierter Form, die gesamte Handelspolitik des nationalsozialistischen Deutschlands anzugreifen, aber als er Kontakte zu den Männern des Widerstands hatte, war er gehemmt und entschied sich, kein Held zu sein. Ist es aber, nun möchte ich fragen, die Aufgabe des Historikers, ihn dafür zu verurteilen?

Im Zuge ihrer fortschreitenden gesellschaftlichen Mißachtung zogen sich viele Bankiers in jene Welt zurück, mit der sie am meisten vertraut waren, in die behagliche aber eingegrenzte Sicherheit der ökonomischen Rationalität. Sie arbeiteten auf traditionelle Weise weiter, obwohl ihre Umgebung längst fremd und irrational geworden war. Vielen späteren Beobachtern mag es als außergewöhnlich erscheinen, daß sich die vehementeste Kritik von Bankiers, Unternehmen und Beamten gegen das Regime in den dreißiger Jahren auf recht banale Dinge bezog – zum Beispiel die Klagen, sie wurden laut ausgesprochen, über die zu großen Defizite im Staatshaushalt – und nicht gegen die singuläre Unmenschlichkeit. Zweifellos war diese Sichtweise das Ergebnis einer moralischen Kurzsichtigkeit. Der Nationalsozialismus beanspruchte nachdrücklich und militant, daß er das Gemeinwohl verkörpere und daß andere nur eng begrenzte eigennützige Interessen verträten. Nachdem den Bankiers immer wieder eingeredet worden war, daß sie bei der sozialen und politischen Gestaltung der Gesellschaft nicht mitzureden hätten, und daß sich das gesellschaftliche Leitbild der führenden Wirtschaftsvertreter durch nichts anderes auszeichne als durch zügellosen Egoismus, konzentrierten sie sich immer mehr darauf, ja nicht über die eigene Nasenspitze hinauszublicken. Im Ergebnis trugen somit auch die Bankiers zum moralischen Niedergang Deutschlands bei.

CARL-LUDWIG HOLTFRERICH

Die Banken aus makroökonomischer Sicht

Ich habe drei Punkte. Punkt 1: Harold James' Referat – sehr informativ und im Urteil meines Erachtens abgewogen – ist in einem wichtigen Punkt präzisierungsbedürftig. Er hat darauf hingewiesen, daß die Banken im Dezember 1938 den Kapitalmarkt für Reichsanleihen nicht mehr aufnahmefähig fanden. Als Ursache hat er zu Recht u. a. den Wegfall der jüdischen Zeichner genannt. Er hat es allerdings versäumt, an dieser Stelle darauf hinzuweisen, daß nach der Kristallnacht vom 9./10. November 1938 der jüdischen deutschen Bevölkerung eine Sondersteuer insofern auferlegt wurde, als die Glasbruchversicherungen – allen voran die Allianz – die Ansprüche der Geschädigten nicht an diese, sondern an den Staat auszuzahlen hatten und daß darüber hinaus die deutschen Bürger jüdischer Abstammung eine sogenannte Sühneleistung und im Nachhinein dann noch eine Reichsfluchtsteuer von jeweils einer Milliarde Reichsmark leisten mußten. Peter Borscheid hat das in seiner Allianz-Geschichte erwähnt.[1] In der von Göring einberufenen Ressortbesprechung dazu zwei Tage danach, am 12. November 1938, in der Göring übrigens seinem ganzen Ärger über die von Goebbels angezettelte sinnlose Zerstörung von Wirtschaftsgütern Luft machte, hatte der anwesende Reichsbankvertreter Karl Blessing auf die Störungen des Kapitalmarktes hingewiesen, zu der die sogenannte Sühneleistung führen würde, weil sie wegen ihres Umfangs nur aus dem Verkauf von Kapitalmarkttiteln gezahlt werden könne. Angesichts des gesamten jüdischen Kapitals in Deutschland von sechs bis acht Mrd. Reichsmark dürften tatsächlich die Kapitalmarktschwierigkeiten im Dezember 1938 vor allem mit diesem Vorgang zusammenhängen. Insofern und im Vergleich zu Ländern wie der Schweiz, den Niederlanden und den USA, stelle ich auch die These von Harold James in Frage, daß «die makroökonomische Entwicklung Deutschlands zu einem großen Teil vorprogrammiert [war] und die in den 1930er Jahren gemachten Erfahrungen ... unter einer anderen Regierung die gleichen gewesen [wären].»

Punkt 2: James betont zu Recht, es sei die historische Rolle der Bankiers, zukünftige Entwicklungen abzuschätzen und zu beurteilen, also auch politische Risiken abzuwägen. Einem ohnehin als parasitär angesehenen Berufsstand verblieb in der Tat nur wenig politischer Einfluß, über den allein der er-

1 Peter Borscheid, 100 Jahre Allianz, o.O. 1990, S. 277.

wähnte moralische Niedergang Deutschlands mit Aussicht auf Erfolg hätte aufgehalten werden können. Daß erfolgreiche Geschäftsleute, gerade auch Bankiers mit ihrer zentralen Rolle bei strategischen Unternehmensentscheidungen, zu Anpassung und Kompromissen bereit sein müssen, macht es verständlich, daß sie davon in einem stark politisierten Umfeld mehr zeigten, als uns aus heutiger Sicht verantwortbar erscheint.

Und nun mein dritter Punkt: Ich möchte es nämlich nicht bei moralischen Bewertungen belassen. Die Objektivität der Wissenschaft liegt ja gerade darin, daß auch moralische Verfehlungen auf Ursachen zurückgeführt werden, wie die Kriminalität auf das soziale Umfeld. Zu erklären ist hier also die Abwertung, die private Banken und Bankiers von Seiten der Nationalsozialisten erfuhren, der damit zusammenhängende Antisemitismus und der Haß, mit dem Teile der Nationalsozialisten die jüdische Bevölkerung Europas zunächst in die zivile Entrechtung und schließlich in den Holocaust trieben. Demgegenüber wurden industrielle Unternehmer im Dritten Reich gesellschaftlich geachtet, im Krieg mit dem Titel «Wehrwirtschaftsführer» sogar besonders hervorgehoben. Die Lektüre von Gottfried Feders «Manifest zur Brechung der Zinsknechtschaft des Geldes» – man beachte: Erstauflage 1919 – hat mir den wichtigsten Baustein zum Verständnis dieses Phänomens geliefert und mir entschlüsselt, warum das nationalsozialistische Programm Anti-Liberalismus mit Anti-Marxismus verband.

Nicht nur sind sowohl Liberalismus als auch Marxismus international orientiert, Liberalismus auf die Herrschaft von weltweiten Kapitalinteressen – Feder nannte dies die «Goldene Internationale» –, Marxismus auf die Herrschaft der Arbeiterklasse, die «Kommunistische Internationale». Gemeinsam ist beiden auch, daß sie seit der englischen klassischen Wirtschaftstheorie, auf der bekanntlich auch Marx aufbaute, in der Einkommensverteilung nur zwischen Löhnen und Kapitaleinkommen unterschieden,[2] bis heute zwischen «wages» und «profits» bei den Neoklassikern, zwischen «Löhnen» und «Mehrwert» bei den Marxisten. Die Nationalsozialisten hielten diese Ziehung einer gesellschaftlichen Konfliktlinie zwischen «Kapitalisten» einerseits und Lohnempfängern andererseits sowohl in der liberalen als auch in der marxistischen Weltanschauung für eine infame Verschleierungstaktik zugunsten des Finanzkapitals. Deshalb unterschieden sie zwischen «raffendem» und «schaffendem» Kapital und damit das, was noch heute in unserer volkswirtschaftlichen Gesamtrechnung als «Einkommen aus Unternehmertätigkeit und Vermögen»

2 Wenn man von der heute unbedeutenden Bodenrente für die Nutzung des Produktionsfaktors Boden absieht.

zusammengefaßt ausgewiesen wird. Mit anderen Worten, sie unterschieden zwischen «Unternehmerkapitalisten» und «Finanzkapitalisten», ähnlich wie schon John M. Keynes, seinerseits ein grundlegender Kritiker der Neoklassik, zwischen «Rentiers» und «Unternehmern» unterschieden und zum Beispiel hier und nicht im Verhältnis zu den Lohnempfängern die größten Umverteilungsprozesse während der großen Inflationen nach dem Ersten Weltkrieg festgestellt hatte.

Die Nationalsozialisten waren der Ansicht, daß die produktive Entfaltung der Wirtschaft nur in Harmonie, nicht im Konflikt zwischen Unternehmern und Arbeitern stattfinden könne, daß die Interessen dieser beiden Gruppen insofern gleichgerichtet seien. Sie sprachen deshalb bei «Arbeitnehmern» bekanntlich von «Gefolgschaft». Diesen beiden Gruppen stünden als Konfliktpartner und Störenfried der zinsnehmende und kouponschneidende Kreditgeber, der spekulative Kapitalinvestor – wie Sie sagten, «Spekulanten» und «Börsenschieber» – gegenüber.

Die Vertreter der «populistischen Bewegung» der Farmer in den USA Ende des 19. Jahrhunderts hatten ähnliche Ansichten vertreten gegen die Großbankiers in New York. Und diese Ansichten wirken in der Zersplitterung des US-Bankensystems und in der Unterscheidung von «earned» und «unearned income» im amerikanischen Steuerrecht bis heute nach, wobei «unearned income» eben Einkommen aus Geldvermögen ist.

Wie in den USA zu Zeiten des Populismus – das war die Zeit der großen Depression 1873 bis in die 1890er Jahre – erlangte diese Sichtweise in Deutschland ihre Stärke dadurch, daß bei relativer Preisstabilität in der zweiten Hälfte der 1920er Jahre das Nominalzinsniveau in Deutschland und damit das Realzinsniveau sehr hoch waren, daß also die «Finanzkapitalisten» oder «Rentiers» – viele von ihnen als Anleihegläubiger in den USA – einen relativ großen Teil des erwirtschafteten volkswirtschaftlichen Kuchens in Deutschland zu Lasten der Unternehmen und ihrer Arbeiter erhielten. Das galt erst recht, als in der großen Weltwirtschaftskrise die Preise stark fielen, was das Realzinsniveau und dadurch die Konkurse und Zwangsversteigerungen auf Rekordhöhen trieb. Daß die Banken und oftmals jüdische Bankiers in dieser Situation den Schuldendienst aus Kreditverträgen gerichtlich geltend machen mußten, stieß bei den Hauptbetroffenen, besonders den Landwirten, auf Unverständnis und Haß. Deswegen konnten die Nationalsozialisten in (übrigens protestantisch-) ländlichen Regionen während der Weltwirtschaftskrise ihr größtes Wählerpotential mobilisieren, gerade mit der Parole von der «Brechung der Zinsknechtschaft».

Daß die Problemlösung nicht in der gesellschaftlichen Abwertung der

Bankiers, die stattfand, – Schlimmeres verhütete wohl nur ihre enge Bindung an die Industrie durch das Universalbankensystem – und schon gar nicht im Antisemitismus liegen konnte, wurde von den Wählern der NSDAP verkannt. Gegen die Ursache der hohen Realzinsen, nämlich die an der Wechselkursstabilität orientierte Hochzinspolitik der Reichsbank schon unter Schacht und besonders unter Luther 1930 bis 1932, sowie Brünings extreme Sparpolitik im Reichshaushalt, half nur die von den Nationalsozialisten seit 1933 auch tatsächlich verfolgte expansivere Geld- und Fiskalpolitik, zunächst angemessen und erst seit 1936 inflationär. Es gehört zur Tragik der Geschichte, daß die Politiker, die durch falsche wirtschaftspolitische Weichenstellungen die Weltwirtschaftskrise verursachten und verstärkten, weder professionelle Bankiers noch Juden waren, auch nicht in den USA. Ich denke an Präsident Hoover und die Führung des amerikanischen Notenbanksystems. Von den Nationalsozialisten wurden aber Bankiers und der Teil der deutschen und europäischen Bevölkerung, der jüdischer Abstammung war, zu Sündenböcken gemacht, die im ersten Fall – die Bankiers – nur an Einfluß und Ansehen verloren, während den zweiten nicht nur ihr Eigentum, sondern auch ihr Leben geraubt wurde.

CHRISTOPHER KOPPER

«Effizienz» der ideologischen Postulate in der Ökonomie

Ich werde mich auf einzelne Aspekte des Referats von Harold James beschränken, da es natürlich gar nicht möglich ist, hier zu sämtlichen Aspekten detailliert Stellung zu nehmen. Das wäre auch gar nicht meine Aufgabe.

Harold James hat über den Stellenwert der Bankenfeindschaft in der Ideologie des Nationalsozialismus gesprochen, und ich möchte diese Ausführungen über die Bankenfeindschaft der Nazis durch ein paar Worte über die Wirksamkeit und die Umsetzung ihrer ideologischen Postulate in der Wirtschaft des Dritten Reiches ergänzen.

Die Forderung nach der «Brechung der Zinsknechtschaft» spielte ab dem März 1933 keine Rolle mehr, denn Hitler hatte zu diesem Zeitpunkt schon Hjlmar Schacht zum Reichsbankpräsidenten eingesetzt und Schacht mit Generalvollmachten zur Neuordnung des Kreditwesens ausgestattet. Die Banken-Enquete von September 1933 stand bereits ganz unter der Regie Schachts, der die Ergebnisse der Enquete bereits vorgezeichnet hatte, als er sie eröffnete. Zu diesem Zeitpunkt waren seine Kontrahenten, der Ideologe Feder und Hitlers Wirtschaftsberater Keppler, der dieses Amt nie ausfüllen konnte, auf dem Gebiet der Bankenpolitik bereits an den Rand gedrängt. Entscheidend aber nun ist die Frage, wie die Banken in die politisch gewollte dienende Rolle eingepaßt wurden. Schacht bediente sich eines abgestuften Instrumentariums aus «moral suasion» und einer betont industriefreundlichen Zins- und Steuerpolitik. Diese industriefreundliche Zins- und Steuerpolitik förderte ganz bewußt die Selbstfinanzierung der Industrie und – man kann es empirisch nachvollziehen – war auch in Schachts Sinne erfolgreich.

Man muß jedoch vorsichtig sein, diese Politik als das Resultat einer bankenfeindlichen Einstellung zu bewerten. Schacht selbst, der aus dem Bankwesen stammte und einer besonderen Bankenfeindschaft aus ideologischer Perspektive nicht unbedingt verdächtig war, kontrollierte den deutschen Kapitalmarkt bis 1936 weitgehend unangefochten. Die rigide Reglementierung der Aktienemissionen und der Industrieanleihen durch die Reichsbank zielte nicht darauf ab, den Großbanken bewußt zu schaden und sie aus einem lukrativen Geschäftszweig zu drängen. Es war nicht Schachts Absicht, die Stellung der Banken in der Wirtschaft zurückzudrängen, denn das war bereits durch die Weltwirtschaftskrise geschehen. Schacht verminderte ihre Bedeutung für die Kapitalbeschaffung der Industrie vornehmlich deshalb, um den Kapitalmarkt für die Fundierung der ständig steigenden kurzfristigen Reichsschulden zu reservieren. Es ging Schacht damit nicht um eine bewußte Bekämpfung der Bankenmacht.

Der Begriff der Bankenmacht war bereits seit der Bankenkrise von 1931 ein ferner Mythos, der 1933 auch in der öffentlichen Debatte, auch in der NS-Presse, keine so starke öffentliche Resonanz mehr fand. Nur noch bei den marginalisierten, radikalen NS-Mittelständlern, wie beispielsweise dem Führer des Kampfbundes des gewerblichen Mittelstandes, war der von Gottfried Feder geforderte «Kampf» gegen die Hochfinanz noch ein staatspolitisches Handlungsmotiv, und diese Mittelständler wurden 1933 von Göring bekanntlich kaltgestellt. Entscheidend war das Interesse der NS-Politik, den absoluten Vorrang des staatlichen Kreditbedarfs vor der privaten Kreditnachfrage zu sichern.

Die Eigentumsordnung hingegen besaß in der NS-Wirtschaftsideologie und besonders für die Bankenpolitik des Regimes nur eine untergeordnete Bedeutung. Man kann auch angesichts der stark divergierenden eigentumspolitischen und ordnungspolitischen Vorstellungen der nationalsozialistischen Wirtschaftspolitiker keinesfalls von einem geschlossenen ideologischen Konzept, sondern lediglich von einigen wenigen unumstrittenen ideologischen Grundkonstanten sprechen. Zu diesen Grundkonstanten gehörte der Grundsatz «Gemeinnutz geht vor Eigennutz». Ein Prinzip, das von der Eigentumsform der Banken selbst unabhängig ist und den absoluten Vorrang des staatlichen vor dem privaten Finanzierungsbedarf bedeutet.

Die zweite ideologische Grundkonstante ist das Konzept der Treuhänderschaft über individuelle Güter unterschiedlichster Art, die im Dienst der Volksgemeinschaft und im Sinne der Volksgemeinschaftsideologie der Nationalsozialisten eingesetzt werden sollten. So wundert es auch nicht, daß der Begriff der Treuhänderschaft im Dritten Reich in zentralen Feldern der Wirtschafts- und Sozialpolitik wie der Lohnpolitik erscheint. Er tritt in Gestalt des Treuhänders der Arbeit auf, der die Lohnsätze festlegt. In der Gesundheitspolitik wird das Bild der Ärzte als «Treuhänder der Volksgesundheit» vom NS-Ärztebund und vom Reichsgesundheitsführer wiederholt postuliert. Der Gedanke der Treuhänderschaft spielt auch für das Verständnis von der Funktion und von der Selbständigkeit des Kreditwesens eine Rolle. Aus Sicht von Schacht wie auch von Göring war nicht die Eigentumsform der Banken entscheidend, sondern die Fügsamkeit oder neudeutsch «compliance» der Banken beim Einsatz ihrer Aktiva im Interesse der Volksgemeinschaft. Als «Treuhänder des gesparten Kapitals standen Banken und Sparkassen in der Pflicht, es im Interesse der Volksgemeinschaft statt nach Renditegesichtspunkten einzusetzen. Die indirekte Lenkung des Wertpapiergeschäftes und des Konsortialgeschäftes durch den Kapitalmarktausschuß der Reichsbank schützte das Bankenwesen wiederum vom Odium einer Planwirtschaft, erschien nach außen hin immer noch als leidlich systemkonform mit den Prinzipien einer Verkehrswirtschaft und erwies sich drittens durch den fortbestehenden Konkurrenzmechanismus effizienter als eine planwirtschaftliche Alternative.

Man muß natürlich auch fragen, ob es auch Versuche gegeben hat, hier einen nationalsozialistischen Kreditsektor aufzubauen, und hier müßten zwei Banken noch einmal genannt werden. Zum einen die Bank der Deutschen Luftfahrt, 1935 gegründet, und die im gleichen Jahr gegründete Bank der Deutschen Arbeit, einem hundertprozentigen Unternehmen der Deutschen Arbeitsfront. Sie sind jedoch weniger als Konkurrenten der privaten Großbanken gegründet worden und dienten auch nicht dazu, einen spezifischen nationalsozialistischen Kreditsektor innerhalb der deutschen Wirtschaft zu schaffen.

Innerhalb des Kreditwesens des Dritten Reiches erfüllten sie spezielle subsidiäre Funktionen. So war die Bank der Deutschen Luftfahrt als Institut für die langfristige Finanzierung von Investitionen der Luftfahrtindustrie gegründet worden, an der die Großbanken wegen der langen Festlegung ihrer aktiven Mittel und wegen der unattraktiven Zins- und Provisionssätze zunächst nicht interessiert waren. Die Bank der Deutschen Arbeit diente primär als die Hausbank der Deutschen Arbeitsfront, um solche Großinvestitionen wie den Bau des großen «KdF»-Bades Prora auf Rügen und den Bau des Volkswagenwerks zu finanzieren. Dieses beides waren natürlich Geschäfte, an denen die Banken wegen des langsamen Rückflusses, der sehr ungünstigen Rentabilität und der fragwürdigen Kalkulation ihrer Urheber in der Arbeitsfront verständlicherweise wenig interessiert waren.

Die Stagnation des Konsortialgeschäftes infolge der staatlichen Kapitalmarktregulierung ist auch ein Faktor, der die zum Teil starke Aktivität der Banken im Arisierungsgeschäft und in der ökonomischen Besatzungspolitik in Westeuropa und Ost-/Mitteleuropa erklären kann. Die Erträge der Banken im Arisierungsgeschäft waren vor allen Dingen im besetzten Ost- und Mitteleuropa, speziell im Protektorat Böhmen und Mähren um ein Vielfaches höher gewesen als im sogenannten Altreich und auch in Österreich. Ein Befund, der zunächst einer besonderen Erklärung bedarf. Sie liegt meines Erachtens in der zeitlichen Verschiebung. Denn nach der Besetzung des Protektorats Böhmen und Mähren waren die deutschen Juden bereits soweit von ihren staatsbürgerlichen und wirtschaftlichen Rechten entrechtet worden, daß sie zu dem Zeitpunkt auch von den deutschen Bankiers nicht mehr als gleichberechtigte kontrahierungsfähige Partner angesehen wurden. Unter dem Eindruck der völligen Segregierung der deutschen Juden aus der deutschen Gesellschaft, ihrer auch zunehmenden räumlichen Ghettoisierung und ihrem Ausschluß aus der deutschen Gesellschaft gingen die deutschen Bankiers im Protektorat Böhmen und Mähren dazu über, die Notlage ihrer jüdischen Partner unter allen Umständen ganz auszunutzen. Sie vollzogen damit einen zivilisatorischen Bruch mit allen Regeln und ungeschriebenen Gesetzen des Bankgeschäftes, den sie ein Jahr vorher im Deutschen Reich, im Altreich, noch nicht vollzogen hatten. Das heißt, nur der zeitliche Hintergrund der Rassenpolitik des Regimes verdeutlicht diese wirklich großen Unterschiede in den Gewinnmargen und auch in der Skrupellosigkeit von Bankenhandeln.

Zur Personalpolitik der deutschen Banken sei noch folgendes gesagt. Besondere in-trinsisch-politische Motive wie ein ausgeprägter Antisemitismus waren nicht unbedingt dafür nötig, die jüdischen Angestellten 1933 zu diskriminieren und zu entlassen. Hier folgten die meisten Bankdirektoren einem sehr komplexen Geflecht aus Opportunitätsüberlegungen, für die eine ausgeprägte antisemitische Grundeinstellung oder gar ein eliminatorischer Antisemitismus, wie es Goldhagen nannte, gar nicht erforderlich war. Dies erklärt, weshalb der Anpassungsprozeß an die rassenpolitischen Leistungsanforderungen des Regimes auch in Banken wie der Deutschen Bank und der Commerzbank funktionierte, die zumindest 1933 nicht als nazifiziert galten.

HANS MOMMSEN

Erfahrungen mit der Geschichte der Volkswagenwerk GmbH im Dritten Reich

Der Sinn dieser Konferenz liegt nicht zuletzt darin, die bislang vielfach isoliert und nur vereinzelt betriebene Forschung zur Rolle der Industrie im Dritten Reich auf eine breitere und eine gemeinsame Grundlage zu stellen und zu einer übergreifenden Interpretation ihrer Ergebnisse beizutragen, die auf der Ebene isolierter Unternehmens- oder Werksgeschichten schwerlich möglich ist. Ein vergleichender Zugriff ist auch deshalb wünschenswert, weil die höchst unterschiedliche und in der Regel fragmentarische Quellenlage erst auf einer vergleichenden Ebene verläßliche Aussagen zuläßt, insbesondere was die Einstellung und Haltung der Unternehmer, des Managements und der leitenden Angestellten betrifft.

Die vorliegende Studie zur Geschichte des «Volkswagenwerks und seiner Arbeiter im Dritten Reich» ist geeignet, diese Defizite, aber auch Möglichkeiten aufzuzeigen, sie unter Zuhilfenahme von Fremdüberlieferungen zu überwinden. Denn – anders als bei Daimler-Benz – ist die Werksüberlieferung bis auf geringe Reste nach 1958 schrittweise (wohl ohne spezifische Motivation) vernichtet worden, einschließlich von Vorgängen, die zu den beschlagnahmten Akten gehörten und dem Unternehmen durch das Bundesarchiv in den 70er Jahren zurückgegeben wurden.

Das Automobilmuseum, das in Wolfsburg bislang die Funktion des Werksarchivs ausfüllt, verwahrt für den Zeitraum bis 1948 im wesentlichen Restakten, die im Zusammenhang mit dem Volkswagensparerprozeß entstanden sind und später durch einzelne Funde und private Sammlerstücke ergänzt wurden. Es ist ausdrücklich zu begrüßen, daß der Vorstand der Volkswagen AG beschlossen hat, ein eigenständiges Werks-Archiv einzurichten.

Zu den Überlieferungsdefiziten trat der Umstand, daß vergleichbare Studien, die insbesondere den Zusammenhang zwischen Produktion und Zwangsarbeit aufzeigen, nur vereinzelt vorliegen und daß insoweit Neuland beschritten werden mußte. Erst die vor der Veröffentlichung stehende Untersuchung von Neil Gregor über die Daimler-Benz AG verfolgt eine gleichartige Fragestellung. Daher ist der gelegentlich erhobene Vorwurf, die vergleichende Dimension nicht berücksichtigt zu haben, doppelt irreführend. Erstens bedürfte es dazu breiterer Einzelforschung, die sich nicht auf den Aspekt der Zwangsarbeiterbeschäftigung beschränkt, und zweitens richtete sich das Erkenntnisinteresse nicht zuletzt darauf, durch das Studium der Verhältnisse vor Ort und eines in mancher Hinsicht herausgehobenen Unternehmens, die in der Forschung überwiegende makro-ökonomische Interpretation der NS-Rüstungswirtschaft gegenüberzustellen. Dies war auch sinnvoll, um der in eine Aporie mündenden Frage, inwieweit sich die Verhältnisse in der Volkswagenwerk GmbH von anderen Betrieben unterschieden, zu entrinnen.

Im folgenden soll nicht versucht werden, den Ertrag der umfangreichen Studie zusammenfassend wiederzugeben, sondern um einige Problemkomplexe, die sich bei der Bearbeitung des Volkswagenwerkes aufdrängen, herauszuheben und zur Diskussion zu stellen. Es handelt sich in erster Linie um:

1. Die Frage der Kompetenz des Regimes, technologische und industrielle Innovationen aufzugreifen und effektiv zu nutzen, mithin dessen Fähigkeit zur Modernisierung im industriellen Bereich.
2. Die Frage nach den Beweggründen und den Zwangslagen des Managements und des leitenden Personals, für eine rückhaltlose wirtschaftliche Mobilisierung unter Einschluß der Beschäftigung von Zwangsarbeitern aller Kategorien einschließlich von KZ-Häftlingen einzutreten. Das impliziert die Notwendigkeit, den Grad der Handlungsfreiheit zu bestimmen, den das Management gegenüber den Rüstungskontrollbehörden besaß.
3. Das Wechselverhältnis, das zwischen der Eingliederung in die Rüstung und dem Offenhalten von Optionen im Hinblick auf die künftige Friedenswirtschaft bestand, genauer zu bestimmen und zu generellen Aussagen über die Einschätzung der Kriegslage durch die Unternehmerseite zu gelangen.

Was den *ersten* Gesichtspunkt betrifft, erscheint das Volkswagenwerk als extremes Beispiel für den Rückfall der Spitzentechnologie in herkömmliche Produktionsmethoden. Bekanntlich war es als modernster Automobilkonzern projektiert, der nach dem Vorbild des jüngsten Ford-Betriebs in Riverrouge errichtet und mit den neuesten Pressen und Maschinen zur Fahrzeugherstellung ausgestattet, zugleich als vertikales Verbundwerk ausgelegt war, das wesentliche Komponenten, darunter Stahl, Glas, Textilien, ursprünglich auch Gummi selbst herstellen sollte. Die Verwirklichung dieses Traums scheiterte nicht zuletzt, weil die Fortsetzung des Werksaufbaus nach dem September 1939 auf die wichtigsten betrieblichen Erfordernisse begrenzt war.

Für die nationalsozialistische Rüstungsplanung war es vermutlich kennzeichnend, daß sie sich nicht in der Lage erwies, die technischen Qualitäten dieses damals modernsten europäischen Metallverarbeitungsbetriebes angemessen zu nutzen und daß sie ihm ursprünglich nur die Funktion einer Schattenfabrik für die Junkers AG zusprach, was Ferdinand Porsche allerdings durch Verhandlungen mit dem Heereswaffenamt erfolgreich unterlief. Abgesehen von der Groteske, daß sich das Unternehmen durch den Bau von hölzernen Zusatztanks für die Luftschlacht über dem Ärmelkanal und die Massenproduktion von OT-Öfen, später mit Mischproduktionen am Leben erhielt, war dessen Produktion im wesentlichen auf Reparaturen und Teilefertigung für die Ju-188 begrenzt, während Planungen zur Schaffung eines 1000-Motorenwerks für die Luftwaffe, später auch für die Panzerherstellung nicht realisiert wurden, zum Teil trotz erheblicher Anlaufkosten.

Als dem Werk schließlich die Fi-103-Fertigung übertragen wurde, ging der Auftrag eben zu dem Zeitpunkt, als die Serienproduktion relativ störungsfrei angelaufen und die Planzahlen einigermaßen erfüllt wurden, an die SS-eigenen Mittelwerke, bekannt unter der Bezeichnung Dora-Mittelbau, über. Die Fließfertigung, die für die Fi-103 installiert wurde, stellte keinen Rationalisierungsfortschritt dar, da sie auf die Beschäftigung von angelernten Ostarbeitern ausgerichtet war und wegen des Mangels an Einwegmaschinen technisch eher rückschrittlich blieb.

Nur im Bereich der Fahrzeugfertigung, die erst 1940 in Gang kam, schlugend die technologischen Fortschritte zu Buche, doch stagnierte die Produktion des Kübelwagens, der militärischen Version des Volkswagens, bei vergleichsweise niedrigen Stückzahlen, da es nicht gelang, die erforderlichen Zulieferungen sicherzustellen. Insgesamt produzierte das Werk bis zum April 1945 ca. 55.000 Fahrzeuge, obwohl es für eine Stückzahl von 500.000 ausgelegt war. Auch bei den übrigen Fertigungen, die das Werk hereinnahm, tritt ein extremes Mißverhältnis zwischen Planvorgaben und effektivem Ausstoß: Das galt vor allem für die Großaufträge zur Fi-103-Fabrikation, wobei sich zunächst extrem hohe Ausschußzahlen ergaben.

Teilweise erklärt sich die Nichterfüllung der Sollziffern daraus, daß das Volkswagenwerk bis 1943 nur begrenzte praktische Erfahrungen in der Fließfertigung hatte sammeln können. Vor allem aber ging das Mißverhältnis auf die für die gesamte Rüstungswirtschaft kennzeichnende Unstetigkeit der Produktion und Produktionsvorbereitung und die sich ständig ändernden Planvorgaben und Konstruktionsänderungen zurück. Der durch unzureichende Rüstungssteuerung verursachte Leerlauf in den Betrieben des Volkswagenwerkes war eine allgemeine Erscheinung in der NS-Kriegswirtschaft, machte sich aber bei einem Unternehmen, das ausschließlich auf die Rüstungsaufträge angewiesen war, in gesteigertem Umfang bemerkbar.

Dies verstärkte sich im Zusammenhang mit der vom Volkswagenwerk nachdrücklich begrüßten Untertageverlagerung, durch die Porsche die wertvollen Maschinen, insbesondere die Großpressen, vor Zerstörungen durch Bombenangriffe zu bewahren hoffte. Die Verlagerung der Produktion unter Tage und in Zweigbetriebe zwang zu ständigen Improvisationen, die im Grunde jede geregelte Produktion ausschlossen. Die vorgesehenen Untertagebetriebe gelangten vor dem Kriegsende nicht mehr zur Produktion und mußten teilweise vor dem Angriff der alliierten Verbände geräumt werden. Nominell gelang es durch die Verlagerung, die Produktionsfläche des Werkes signifikant zu vergrößern. Gleichzeitig sank jedoch die Produktqualität und ging der Vorzug der guten technischen Grundausstattung immer mehr verloren.

Obwohl das Volkswagenwerk, abgesehen von der Flugzeugreparatur, hinter den Auftragsvorgaben weit zurückfiel, wurden ihm von Jäger- und dann vom Rüstungsstab immer neue Produktionsaufgaben zugewiesen. Teils erfolgte dies als Kompensation für den Verlust der Fi-103-Produktion, teils weil dem Unternehmen das Odium anhaftete, über freie Kapazitäten zu verfügen und für Massenproduktionen besonders geeignet zu sein. Die Vereinbarung von Lieferverträgen bis in die letzten Kriegswochen hinein abstrahierte vollständig von den noch verfügbaren begrenzten Kapazitäten und dem Fehlen von Arbeitskräften und der erforderlichen Werkzeuge und Einrichtungen.

Außer der im Hauptwerk verbliebenen Kübel- und Schwimmwagenherstellung und der relativ bedeutungslosen Produktion von Tellerminen und Panzerfäusten erzeugte das Werk seit den mit größtem Aufwand durchgeführten Untertageverlagerungen keinerlei relevante Rüstungsgüter mehr. Die beim Management vorherrschende Mentalität eines Produzierens um jeden Preis hatte nur noch wenig mit der betrieblichen Realität zu tun.

Jedenfalls müssen auf der Grundlage der empirischen Befunde begründete Zweifel gegen die Vorstellung erhoben werden, daß es Albert Speer gelungen sei, die Produktivität der deutschen Rüstungswirtschaft entscheidend und auf längere Sicht zu erhöhen. Aus der betrieblichen Perspektive des Volkswagenwerkes ergibt sich ein anderes Bild. Ständig geänderte Planvorgaben, verfrühte Produktionsaufnahmen und abgebrochene Projektplanungen verhinderten eine kontinuierliche Produktion, bis die Verlagerung der rüstungswichtigen Fertigungen in die Ausweich- bzw. Untertagebetriebe sie weithin unmöglich machte. Hierin unterschied sich das Volkswagenwerk nicht wesentlich von vergleichbaren Rüstungsbetrieben wie denjenigen der Daimler-Benz AG.

Das Endstadium des Werkes – die Nahverlagerung der Kübelwagenfertigung in die engere Umgebung und die Auflösung der Fabrik in eine Vielzahl von handwerklich geprägten Kleinbetrieben, durch die die Zulieferungen für die unbeschädigte Bandstraße erfolgten – spiegelt, ebenso wie die Übernahme von so bedeutungslosen Produkten wie Tellerminen und Panzerfäuste im Grunde einen Rückfall in vormoderne Produktionsmethoden. Darin verdichtet sich spiegelbildlich die relative Unfähigkeit des Regimes, Modernisierungsimpulse, wie sie sich im Volkswagenwerk verkörperten, in die Realität umzusetzen. Im Hinblick auf die jüngst von Rainer Zitelmann und Prinz entfachte Modernisierungsdiskussion ist zu betonen, daß die Entwicklung des Volkswagenwerks von den Anfängen bis zum Kriegsende eher als Scheitern eines bemerkenswerten Impulses zur technischen Modernisierung betrachtet werden muß.

Was die *zweite* Problemstellung angeht, war das Volkswagenwerk als DAF-Betrieb dem NS-Regime durch ein besonders hohes Maß an Loyalität geprägt, was indessen Interessenkonflikte nicht ausschloß, nicht zuletzt seit die Übernahme der Geschäftsführung durch Anton Piëch, Porsches Schwiegersohn, der bestrebt war, das Unternehmen wie einen normalen kapitalistischen Betrieb zu führen und die Leistungspositionen in die Hände von Persönlichkeiten zu legen, die Porsche besonders ergeben waren. Gleichwohl unterschied sich das Unternehmen von vergleichbaren Firmen dadurch, daß es gestützt auf das ungewöhnlich große Prestige, über das Ferdinand Porsche bei Hitler verfügte, immer wieder eigene Kanäle nutzte, um bestimmte Interessen gegenüber der widerstrebenden Rüstungsbürokratie durchzusetzen.

Trotz des maßgebenden Einflusses der DAF, die durch Bodo Lafferentz in der Geschäftsleitung vertreten war und die Mitglieder der Aufsichtsgremien stellte, hatten die örtliche NSDAP und der DAF-Betriebsobmann keinen maßgebenden Einfluß. Soweit das festgestellt werden kann, gab es keine DAF-Werkscharen im Betrieb, und der DAF-Vertrauensrat spielte eine höchst untergeordnete Rolle. Allerdings wurden regelmäßig Betriebsversammlungen der DAF durchgeführt, sie nahm in der Freizeitbetreuung großen Raum ein und prägte insbesondere die Lehrlingsausbildung im Vorwerk Braunschweig maßgeblich mit.

Für das Management ist jedoch die Wirkung der nationalsozialistischen Propaganda eher niedrig zu veranschlagen. Vielmehr prägte die Persönlichkeit Ferdinand Porsches den eher autoritären Führungsstil innerhalb des Unternehmens. Porsche selbst war trotz seiner engen Beziehungen zu Hitler und Himmler eher a-politisch eingestellt und handelte in erster Linie nach der Maxime, den weiteren Ausbau des Werkes voranzutreiben. Das ursprüngliche Ziel, mit dem Bau des Volkswagens die deutsche Massenmotorisierung durchzusetzen, verlor er nicht aus den Augen, wenngleich er seine Energien zunehmend auf den Panzerbau, die Gewinnung von Windkraft, das Volkstraktorprojekt und die technische Fortentwicklung des Volkswagenmodells verwandte.

Für Ferdinand und Ferry Porsche wie für Anton Piëch gilt, daß sie sich vorbehaltlos in den Dienst der Aufrüstung des NS-Systems stellten, die die alleinige Chance darstellte, den verzögerten Werksaufbau im Schatten von sich steigernden Rüstungsaufträgen auch unter Kriegsbedingungen voranzutreiben. Die Tatsache, daß das Volkswagenwerk als Spätkömmling im kriegswirtschaftlichen System auftrat, verstärkte die Bereitschaft, Rüstungsaufträge hereinzuholen, zumal das Unternehmen, im Unterschied zu herkömmlichen Betrieben, keine Möglichkeit besaß, zivile Produkte herzustellen. Es war in dieser Beziehung ein reiner Rüstungsbetrieb.

Trotz der ausschließlichen Rüstungsorientierung war die Betriebsführung bis in die letzten Kriegsmonate hinein bestrebt, ein Fenster für die Friedensproduktion offen zu halten, obwohl diese Perspektive seit Ende 1942 deutlich zurücktrat. Es ist bemerkenswert, daß die Verstrickung des Werks in die Beschäftigung von Juden und KZ-Häftlingen nicht zuletzt mit Anstrengungen zusammenhing, das Werk für die Friedenszeit konkurrenzfähig zu machen. Der Bau der Leichtmetallgießerei in Zusammenarbeit mit SS und die Errichtung des ersten KZ-Arbeitslagers im industriellen Bereich sowie der dann gescheiterte Plan, jüdische Zwangsarbeiter für den Stadtbau heranzuziehen, gehören in diesen Zusammenhang.

Auch in der zweiten Kriegshälfte, in der die verbrecherischen Züge des NS-Systems und der deutschen Kriegsführung immer mehr zutage traten, finden sich in den allerdings fragmentarischen Quellen keine Anzeichen dafür, daß das Management insbesondere in der Zwangsarbeiterfrage Zurückhaltung geübt hätte. Vielmehr nahm der DAF-Betrieb in dieser Hinsicht eine Vorreiterrolle ein, indem er sich neu öffnende Chancen zur Heranziehung von Arbeitskräften bereits ausnutzte, bevor sie vom Regime offiziell angeboten wurden, so im Hinblick auf die Beschäftigung von italienischen Arbeitskräften 1938, von Dienstverpflichteten und Zwangsarbeitern aus den Benelux-Ländern, aus Polen im Herbst 1939 und 1940 aus Frankreich und Südosteuropa, seit 1941 die industrielle Verwendung sowjetischer Kriegsgefangener, später italienischer Militärinternierter bis hin zu jüdischen und nichtjüdischen KZ-Häftlingen.

Namentlich im Zusammenhang mit der Untertageverlagerung seit Oktober 1943 scheute sich Porsche nicht, unter Umgehung der zuständigen Arbeitsverwaltung und des Jägerstabes 3.500 KZ-Häftlinge durch die Vermittlung Himmlers direkt bei Oswald Pohl anzufordern. Ebensowenig scheint die Werksleitung Skrupel gehabt zu haben, jüdische Häftlinge aus Auschwitz für die Produktion der Fi-103 auszusondern und die Auswahl vor Ort durch eigene Beauftragte vorzunehmen (dies war zuvor auch im Hinblick auf sowjetische Kriegsgefangene geschehen). Auch die Beschäftigung von ungarischen Jüdinnen, die auf dem Umweg über Auschwitz ins Werk gelangten und in der Halle 1 im Souterrain eingesperrt waren, ging auf die Initiative der Werksleitung zurück.

Das Motiv dafür bestand, soweit das heute noch auszumachen ist, in der Ausnutzung sämtlicher vorhandenen Kapazitäten. Im Falle der sowjetischen Kriegsgefangenen lassen sich Bemühungen von Seiten Porsches feststellen, sich für deren bessere Verpflegung einzusetzen. Im übrigen scheint sich die Werksleitung um die Lage der Insassen des KZ-Außenlagers Laagberg ebenso wie dasjenige der jüdischen Frauen in der Halle 1 nicht gekümmert zu haben. Man gewinnt den Eindruck, daß auch gegenüber den Ostarbeitern und Kriegsgefangenen die starren und in vieler Hinsicht diskriminierenden Vorschriften durchweg angewandt worden sind, wenngleich in der Regel nicht durch Wach- oder Aufsichtspersonal, das der Werksleitung unterstand. Die Verhältnisse scheinen sich von denjenigen vergleichbarer Betriebe nicht signifikant unterschieden zu haben.

Sicherlich befand sich das Management des Volkswagenwerks unter einem gewissen psychologischen Druck, sich den Zumutungen des Regimes auch in dieser Beziehung zu fügen. Aber es kann nicht gesagt werden, daß die Beschäftigung von Zwangsarbeitern und KZ-Häftlingen der Werksleitung aufgezwungen worden sei. Am Beispiel des Volkswagenwerkes lassen sich vielmehr ein beträchtlicher eigener Handlungsspielraum und eine Vielzahl von eigenen Initiativen ausmachen, die die Schlußfolgerung nahelegen, daß es als aktiver Komplize des Regimes fungiert hat. Für die Beschäftigung von jüdischen und anderen KZ-Häftlingen gab die Sorge, den Übergang zur Friedenswirtschaft sicherzustellen bzw. die Maschinen vor Zerstörungen zu bewahren, vielfach den Ausschlag. Das Volkswagenwerk stand damit nicht allein. Auch bei Daimler-Benz war, wie die vor der Veröffentlichung stehende Untersuchung von Neil Gregor zeigt, das Motiv, den Bestand des Unternehmens zu sichern, maßgebend für die Entscheidung zum umfassenden Einsatz von in der Regel jüdischen KZ-Häftlingen.

Apologetische Schutzbehauptungen, das Management hätte unter dem Zwang der kriegswirtschaftlichen Notwendigkeiten gehandelt, greifen daher in der Regel zu kurz. Auf der Ebene des einzelnen Betriebes, zumal angesichts der fragmentarischen Überlieferung, ist die Frage nicht hinreichend zu beantworten, inwieweit die Handlungsspielräume des Managements durch die Weisungshoheit des Reichsministeriums für Bewaffnung und Munition und durch die direkte Unterstellung einzelner Produktionszweige unter staatliche Beauftragte, wie im Volkswagenwerk im Fall der Fi-103-Produktion, eingeschränkt waren. Weit wichtiger war der indirekte Druck, durch Nichtbefolgung der staatlichen Direktiven den Abzug von Rohstoffen und Arbeitskräften gewärtigen zu müssen.

Angesichts der unangreifbaren Stellung, die Porsche und das Volkswagenwerk bei Hitler besaßen, waren Befürchtungen dieser Art nicht sehr real. Trotz der unübersehbaren persönlichen Spannungen zu Albert Speer verstand es Porsche immer wieder, Sonderinteressen des Unternehmens durchzusetzen. Es gibt auch keinerlei Anzeichen dafür, daß sich ein innerer Widerstand gegenüber der Politik des Systems artikuliert hätte. Vielmehr stellten sich Porsche und Piëch bis zuletzt und offenbar vorbehaltlos in den Dienst des kriegswirtschaftlichen Systems. Dabei wirkte die Vorstellung ein, daß die Heimatfront der kämpfenden Truppe bedingungslos zur Seite stehen müsse. Jedenfalls haben einzelne Betriebe des Volkswagenwerks die Produktion erst eingestellt, als die alliierten oder russischen Verbände unmittelbar ante portas standen.

Die Durchhaltementalität, die beim Management, dem mittleren Führungspersonal und der deutschen Belegschaft des Volkswagenwerks fast ohne Ausnahme bis zuletzt bestanden hat, hing mit der hier besonders starken ideologischen Indoktrination zusammen, aber sie entsprang auch zugleich einer spezifischen Form der Reaktion auf die immer turbulenteren und katastrophaleren Ereignisse im letzten Kriegsjahr, die Wolfgang Werner, was die Belegschaften anbetraf, mit einer «Flucht in den Betrieb» umschrieben hat. Die Flucht in die jeweilige Aufgabe, auch wenn diese angesichts der Kriegssituation keinen Sinn mehr hatte, galt auch für die leitenden Angestellten und das Management, die andere Handlungsalternativen nicht mehr zu entwickeln vermochten.

Um die Haltung der deutschen Industrie zum Regime gerade in dessen Endphase zu analysieren, ist es nicht sinnvoll, nach individuellen Motivationen und ethischen Einstellungen Ausschau zu halten und in eine moralisierende Sicht zurückzufallen. Die nicht nur für die Funktionseliten zu konstatierende langfristige Gewöhnung an moralische Indifferenz bedarf einer überindividuellen Erklärung. Dabei spielen autoritäre Einstellungen, eine legalistische Akzeptanz staatlicher Maßnahmen und ein a-politischer Professionalismus eine wichtige Rolle, zugleich Statusverbesserung der deutschen Belegschaft und des Managements. Zur Klärung dieser Fragen bedarf es, was das Verhältnis von Unternehmertum und Nationalsozialismus angeht, einer vergleichenden Analyse.

Dabei erscheint es methodisch als äußerst schwierig, durch die Heranziehung biographischen Materials zuverlässige Aussagen über die Beweggründe des Managements machen zu wollen, da, abgesehen von der in der Regel unzureichenden Quellenlage, bei den betreffenden Persönlichkeiten ein relativ geringes Problembewußtsein und eine überwiegend a-politische Einstellung zu erwarten ist, so daß ein herkömmlich ideographischer Zugriff blind bleibt.

Wesentlich aufschlußreicher ist die *dritte* Fragestellung, die das Verhältnis von Kriegs- und Friedenswirtschaft in den Planungen und strategischen Entscheidungen der Unternehmerschaft betrifft. Mit guten Gründen ist von R.J. Overy, Alan Milward und anderen darauf hingewiesen worden, daß die mangelnde Planungsintensität der nationalsozialistischen Rüstungspolitik die Unternehmen zur Zurückhaltung veranlaßte, größere Investitionen vorzunehmen und mindestens bis 1941 die Tür zur Wiederaufnahme der Friedensproduktion offenzuhalten. Auch späterhin suchten die Unternehmen, die Übernahme von Rüstungsaufträgen in der Weise zu steuern, daß die Ausgangslage des Unternehmens in der unmittelbaren Nachkriegszeit möglichst wenig tangiert wurde, wie Gregor am Beispiel von Daimler-Benz eindrücklich zeigt.

Für das Volkswagenwerk lagen die Dinge insofern anders, als es zunächst um des bloßen Überlebens willen gezwungen war, dien rüstungswirtschaftlichen Ausweg zu gehen, obwohl er größtenteils branchenfremd war. Andererseits blieb das ursprüngliche Ziel der Massenproduktion des Volkswagens erhalten. Die 1940 aufkeimenden Erwartungen eines baldigen Endes der Kriegshandlungen setzten sich daher unmittelbar in die Entscheidung des Unternehmens um, den Stadtbau gegebenenfalls durch Beschäftigung jüdischer Arbeitskräfte aus dem Warthegau zu forcieren, dies übrigens gegen den erbitterten Protest des Kreisleiters der NSDAP. Noch im Sommer 1941 spielte der Gedanke, alsbald zur Friedenspolitik zurückzukehren, für die Investitionen des Werkes eine gewisse Rolle, nicht zuletzt im Zusammenhang mit der Leichtmetallgießerei, für die Porsche Heinrich Himmler in Anspruch nahm. Auch später suchte die Geschäftsleitung unter Hinweis auf künftige Aufträge in der Friedenswirtschaft Lieferfirmen zur Abgabe von Produktionsanteilen zu bewegen, so im Falle der Panzerfaustproduktion. Insofern blieb ein Fenster zur Friedenswirtschaft immer offen (das betraf auch das starre Festhalten von Lafferentz am Verwendungszweck der Volkswagenspargelder), und dem entsprach auch die Tätigkeit des Konstruktionsbüros, der Porsche KG in Stuttgart-Zuffenhausen, die die Weiterentwicklung der Limousine und zahlreiche zivile Anwendungen für den Volkswagen betrieb.

Schwieriger ist die Frage zu beantworten, welches Bild sich die Verantwortlichen von der künftigen Friedenswirtschaft und der Rolle darin machten. Die Übernahme der Patenschaft bei Peugeot zielte offenbar nicht darauf, die Stellung im europäischen Automobilmarkt zu erweitern, wenngleich Piëch vorübergehend erwog, ein Automobilwerk in Paris zu erwerben. Wie weit es Überlegungen gab, die Produktion einer künftigen Kontinentalherrschaft des Reiches anzupassen, muß offen bleiben. Überlegungen des vorübergehenden Technischen Direktors Otto Dyckhoff und die Durchführung der Bauten auf dem Laagberg als stationäre Anlagen sprechen dafür. Der Gedanke, den Volkswagen für den Export vorzusehen (in Abweichung von der DAF-Planung) tauchte bereits vor Beginn des Zweiten Weltkrieges auf.

Offen bleibt die Frage, inwieweit es Bestrebungen auf seiten der Porsche-Familie gab, das Werk aus der Zwangsehe mit der DAF zu lösen und zu einem normalen Unternehmen zu machen, in dem Porsche eine maßgebende Rolle ausfüllte. Das scheint der Hintergrund der späten Verhandlungen zur materiellen Absicherung Porsches gewesen zu sein, die infolge des Kriegsendes erst mit dem Reichenhaller Abkommen einen Abschluß fanden. Auch in dem Versuch Anton Piëchs, die Werksleitung von Zell am See aus fortzuführen, könnte die Absicht gelegen haben, die Verbindung des Unternehmens mit dem in Auflösung befindlichen Regime zu lösen. Antworten auf diese Fragen sind solange nicht möglich, als wichtige Unterlagen, die die Porsche-Familie betreffen, einstweilen nicht zugänglich sind.

Das generelle Problem, wann und in welchem Umfang die Unternehmerschaft die drohende Niederlage antizipierte und welche Maßnahmen sie traf, um die Zukunft der Unternehmen zu sichern, kann ebenfalls nur auf vergleichender Ebene erfolgen. Bei Daimler-Benz rückte dieser Gesichtspunkt früh in den Vordergrund der strategischen Entscheidungen Wilhelm Haspels, während dies bei Volkswagenwerk nur begrenzt der Fall war. Inwieweit der Entschluß Louise Piëchs, das österreichische Vermögen aus der Porsche K.G. und damit aus dem Unternehmen herauszulösen, den Kriegsausgang antizipierte, muß offen bleiben.

Überhaupt war das Volkswagenwerk in besonderem Maße an die Existenz des Regimes geknüpft, als die ausgreifenden Pläne, eine Massenproduktion des Volkswagens in Gang zu bringen, ohne staatliche Hilfe bzw. ohne Einsatz des DAF-Vermögens nicht denkbar erschienen und Alternativen für die zivile Produktion, abgesehen von der Volkstraktorvariante, nicht bestanden. Was die Bemühungen Porsches anging, dem Konzern eine Schlüsselposition in der Rüstungswirtschaft zu verschaffen, waren sie nur begrenzt erfolgreich, aber der Tatbestand, daß das Werk ein Spätkömmling war, hat dazu beigetragen, daß dessen Regimeloyalität außer jedem Zweifel stand. Ohne andere Perspektive war das Unternehmen mit dem Regime auf Gedeih und Verderb verbunden. Daß es trotzdem überlebte und zum größten europäischen Automobilkonzern aufstieg, steht auf einem anderen Blatt.

MANFRED GRIEGER

Das Volkswagenwerk – Unternehmensentwicklung zwischen Rüstung und Zwangsarbeit

Wohl wenig Verwunderung wird hervorrufen, daß ich mit den Ausführungen meines Doktorvaters natürlich inhaltlich vollständig übereinstimme. Deshalb kann sich mein Kommentar auf drei Akzentuierungen beschränken: Ich möchte erstens auf das Verhältnis von Rüstung und Unternehmensentwicklung eingehen. Zweitens will ich die Implementierung von Formen unfreier Arbeit in einem arbeitsteiligen, also modernen Industriebetrieb schildern. Schließlich möchte ich – ungeachtet der zuvor von Hans Mommsen vorgebrachten Warnungen – doch noch auf die Mentalitäten und Wahrnehmungsweisen des Managements eingehen.

1. Die von Hans Mommsen und mir veröffentlichte VW-Studie bricht mit der Zentralperspektive der Ministerien. Unsere Analyse des Mikrokosmos Volkswagenwerk führt den Betrachter zugleich in die Niederungen der nationalsozialistischen Kriegswirtschaft hinab, die durch Reibungsverluste, Menschenverschleiß und Planungschaos charakterisiert war. Michael Geyer hat vor Zeiten darauf hingewiesen, daß Rüstung – nationalsozialistische zumal – eine «außerordentliche Tätigkeit» bildet, die durch Risiken, Krisen und Eigendynamik geprägt ist. Bislang sind aber die Rückwirkungen des Rüstungsprozesses auf den Rüstungsbetrieb und die damit einhergehenden Deformationen des Unternehmens noch nicht hinreichend in den Blick genommen.

Um nur ein Beispiel herauszugreifen: Die Institutionalisierung der Adhoc-Entscheidung in den NS-Sonderinstanzen des Jägerstabes und ähnlicher Einrichtungen, insgesamt der Übergang zu einer voluntaristischen-mythischen Rüstungspolitik übten auf Rüstungsunternehmen eine verheerende Sogwirkung aus, die die Verstrickung in die Verlagerungsverbrechen, also die todbringende Ausbeutung von KZ-Arbeitern, zur Folge hatte. Obwohl sich bei der Untertageverlagerung von Industriekapazitäten und der «Verschrottung» von KZ-Häftlingen betriebswirtschaftliches Kalkül, Expansionsdrang und industrieller Durchhaltewille, besser die Betriebsroutinen der Kapazitätsauslastung, systemtypisch amalgamierten, besteht in der heutigen Forschung die Tendenz, Begriffe der Normalitätsrationalität zu verwenden: Unternehmenskritiker sehen im kapitalistischen Profitstreben die eigentliche Ursache, während andere in der Flucht der Unternehmen nach untertage eine Art von Nachkriegsplanung durch Sachwerterettung zu erkennen glauben.

M.E. berücksichtigen aber diese Erklärungen den zugrundeliegenden Prozeß der fortschreitenden Vernutzung aller gesellschaftlichen Instanzen nur unzureichend, da am Ende die systembedingte Deformation auch die Unternehmen, zumindest aber das Volkswagenwerk – das wir genauer kennen – selbst betraf. Die staatliche Alimentierung der Rüstung, das ist die Finanzierung und Materialausstattung der Produktion aber auch des Leerlaufes, lockte das Unternehmen in Tätigkeitsfelder, die sich jeglicher Konsolidierung entzogen und zur Atomisierung des Unternehmens in seine dezentralisierten Betriebsstätten beitrugen. Es war in diesem Zusammenhang besonders erhellend, den Schriftwechsel der verschiedenen Betriebsleitungen über die Kommandogewalt in einem Rüstungskonzern zwischen Februar und April 1945 zu lesen, weil hierin die tatsächlichen Probleme der deutschen Rüstung überhaupt nicht mehr auftauchen, sondern nur noch die betrieblichen Unterstellungsverhältnisse. Die Dekonstruktion der ökonomischen Rationalitäten bedarf dringend der historiographischen Reflexion.

2. Unfreie Arbeit konfrontiert mit Grenzüberschreitungen: Der doppelt freie Lohnarbeiter, also die deutsche Stammbelegschaft, arbeitet an der Werkbank mit in großer Zahl zwangsweise rekrutierten, rassistisch oder nach anderen Kriterien ausgegrenzten unfreien Arbeitern der verschiedensten Kategorien zusammen: mit ausländischen Zivilarbeitern, Kriegsgefangenen, KZ-Häftlingen etc. Es ist nicht mehr damit getan, in die in Deutschland grassierende Kultur des Einräumens einzufallen und festzustellen: «Auch Unternehmen Z hat 650 sowjetische Kriegsgefangene beschäftigt, unzureichend versorgt und schlecht behandelt». Vielmehr standen die Zwangsarbeiterbeschäftigung im Zusammenhang mit der jeweiligen Unternehmensentwicklung, weshalb sie auch in diesem Kontext analysiert werden sollte.

Bedeutsam sind dabei vor allem die Übergänge zwischen traditioneller Wanderarbeit und betrieblichem Zwangsarbeitssystem. Im Falle des Volkswagenwerks bildete 1940/41 ausgerechnet die gewünschte Fertigstellung von zivilen Infrastrukturmaßnahmen, etwa der Werkswohnungsbau, das Motiv zur geplanten Rekrutierung von Juden und KZ-Häftlingen. Was auch immer im Einzelfall den konkreten Anlaß für die Aushebung unfreier Arbeitergruppen bot, als Ergebnis eines betrieblichen Lern- und Gewöhnungsprozesses setzte sich bei den Unternehmen ein Arbeitskräfteopportunismus durch. Unter den Systembedingungen des Nationalsozialismus, in dem begrenzende Faktoren abhanden kamen oder wirkungslos blieben, rutschte die betriebliche Personalpolitik auf der schiefen Ebene der Ausbeutung von Zwangsarbeitern in die technokratische Barbarei hinab. Die Dehumanisierung von ausländischen Unfreien zu Arbeitskräften, die schließlich als unbelebte Produktionsressource galten, hatte die fortschreitende Entkoppelung von Arbeit und Reproduktion im Gefolge. Die Rückkehr des Todes in die Fabrik erscheint mir als das vielleicht beunruhigendste Moment der Brutalisierung der industriellen Arbeitsbeziehungen.

3. Die ökonomische Macht ist stumm, und tatsächlich hinterlassen nur wenige Konstrukteure und Manager aussagekräftige Ego-Texte, die über die Beweggründe der Handelnden Auskunft geben. Hans Mommsen hat deshalb schon allein aus methodischen Gründen vollkommen recht, wenn er für die «moralische Indifferenz» der Funktionseliten nach einer «überindividuellen Erklärung» sucht. Diese muß vielschichtig angelegt sein, und wir haben deshalb auch über 1.000 Seiten benötigt, um die ermöglichenden Faktoren in einem Unternehmen zu schildern. Gleichwohl fordert die todausliefernde Praxis von Betriebsleitungen und die strukturelle Ungerührtheit, mit der beispielsweise der Kaufmännische Direktor der Volkswagenwerk GmbH die Erschießung mehrerer russischer Zwangsarbeiter als angebliche «Plünderer» auf dem Werksgelände in einem Schadensbericht des Anlagevermögens vermerkte, dazu heraus, die beim Unternehmensmanagement vorherrschende «Moral der Effizienz» exakt zu analysieren. Die eher beschreibenden als analysierenden Begriffe der «technokratischen Wirklichkeitsflucht» oder des «unreflektierten Professionalismus» taugen deshalb insgesamt nur als Ausgangspunkte.

Mich beschäftigt beispielsweise derzeit immer noch die Frage, ob Ferdinand Porsche, als er den lothringischen Untertagebetrieb des Volkswagenwerks oder auch das KZ Mauthausen besichtigte und dort auf KZ-Häftlinge traf, diese überhaupt wahrnahm. Zumindest verband er mit den optischen Reizen keine im entferntesten Sinne moralischen Bedeutungen. Wenn man so will, liegt hier das Problem. Das offenkundige Desinteresse am menschlichen Gegenüber, die Exklusion der Häftlinge aus der menschlichen Spezies erinnern an den von Primo Levi beschriebenen Blick des Dr. Pannwitz, des Laborleiters der I.G.-Farben in Auschwitz-Monowitz. Die Geschichtswissenschaft muß diesen kalten Blick benennen, aushalten, und sie muß ihn kritisieren.

MARIE-LUISE RECKER

Beweggründe und Zwangslagen des VW-Managements

Ich möchte meinen Kommentar vor allen Dingen auf den zweiten Gesichtspunkt konzentrieren, den Hans Mommsen angesprochen hat und der in den Kern des Kolloquiums führt: Es ist die Frage nach Beweggründen und Zwangslagen des Managements und des leitenden Personals des VW-Werkes, sich in die Kriegswirtschaft mit allen Konsequenzen und Folgeerscheinungen einzufügen. Ich beschränke mich hier auf das Volkswagenwerk, da ich dieses Beispiel am besten kenne. Unübersehbar, und das hat Hans Mommsen auch eindeutig ausgeführt, ist der enge Zusammenhang von Volkswagenwerk und NS-Staat, da die technische Entwicklung des Volkswagens und die Errichtung einer gesonderten Fabrik zur Massenherstellung des Fahrzeugs nur aufgrund einer umfassenden öffentlichen Förderung und Subventionierung möglich war, wie sie allein in Diktaturen bereitgestellt werden können. Gerade da die deutsche Automobilindustrie sich nicht in der Lage zeigte, die von Hitler propagierte Idee der Volksmotorisierung in eigener Regie in die Tat umzusetzen, war, wenn die Massenproduktion preiswerter Pkw's realisiert werden sollte, der Weg zu einer staatlichen Lösung vorgegeben. Wie bei dem relativ ähnlich gelagerten Fall der Reichswerke Hermann Göring, tritt auch hier die Verschränkung von privaten und öffentlichen Funktionen ins Auge. Formell lag die Führung des Unternehmens bei der Deutschen Arbeitsfront, die über ihre Tochtergesellschaften das Gesellschaftskapital bereitstellte und mit Lafferentz einen der beiden Hauptgeschäftsführer sowie weitere Mitglieder des Managements stellte. Die zweite Säule des Unternehmens war die Porsche KG, aus deren Umfeld insbesondere Porsche selbst und sein Schwiegersohn, Anton Piëch, leitende Funktionen in der Unternehmensführung übernahmen. Zwar lassen sich insbesondere im Zweiten Weltkrieg deutliche Tendenzen erkennen, für die Managementebene kaufmännische Kompetenz von außen zu gewinnen und die Unternehmensführung generell auf eine professionellere Basis zu stellen, doch insgesamt blieb der enge Zusammenhang mit dem nationalsozialistischen Regime bestehen.

Vor diesem Hintergrund möchte ich auf die Charakterisierung Porsches bzw. des Managements des Volkswagenwerkes in dem Referat von Hans Mommsen zurückkommen, wo er Porsche «trotz seiner engen Beziehungen zu Hitler und Himmler» als «eher apolitisch eingestellt» bezeichnet und später noch hinsichtlich des Managements von einem «apolitischen Professionalismus» spricht. Dieses bedarf doch weiterer Überlegungen und Vorbehalte. Selbst wenn man diesen Begriff in einem subjektiven Sinne interpretiert, daß also Porsche sich ideologisch nicht als Anhänger des Nationalsozialismus profiliert habe und auch keine unmittelbare politische Affinität zum Regime habe erkennen lassen, so bleibt doch zu konstatieren, daß er sich der Möglichkeiten des Regimes ohne Skrupel bedient hat, also der Hochschätzung Hitlers für ihn und für seine Ideen, der finanziellen Ressourcen, die ihm gerade von seiten der DAF für seine Projekte zur Verfügung gestellt wurden, und nicht zuletzt der Optionen, die die nationalsozialistische Eroberungs- und Vernichtungspolitik dem Volkswagenwerk zur Ausweitung der Produktion bzw. zur Aufstockung der Belegschaft bot. Hier würde ich schon eine deutliche Nähe zum politischen System erkennen.

Entscheidender aber sind die Einwände gegen die Bezeichnung «apolitischer Professionalismus» in einem objektiven Sinn, wenn man sich die Rolle Porsches und des Volkswagenwerkes im Nationalsozialismus vergegenwärtigt. Hier scheint mir die politische Funktion überdeutlich, zuerst in der Absicht, die Idee der Volksmotorisierung zu realisieren und damit ein sozialpolitisches Prestigeobjekt in Angriff zu nehmen, dann in bezug auf die Einbindung des Werkes in die Rüstungsproduktion und der sie bedingenden und begleitenden Maßnahmen.

Wenn also unser Interesse auch in Zukunft der Frage nach Rolle und Funktion von Unternehmen und Unternehmern im Nationalsozialismus gilt, so muß in meinen Augen für das Volkswagenwerk innerhalb des Sektors der Automobilindustrie eine Ausnahmestellung konstatiert werden. Es repräsentiert eine Variante von möglichen Beziehungen, nämlich eine von der politischen Spitze initiierte und durchgesetzte Unternehmensgründung, deren ursprüngliches Konzept, ein technisch modernes, preiswertes Familienauto in Massenfertigung zu produzieren, angesichts der Ausgangsbedingungen gegen jede ökonomische Vernunft war. Gerade durch diese Gründungssituation und die damit verbundene Aufgabenstellung, war das Volkswagenwerk auf das engste mit dem Regime verschränkt. Aber auch nach dem Einstieg in die Rüstungsproduktion blieb es – ohne Stammbelegschaft und ohne klare Aufgabenstellung – alternativlos auf das Regime ausgerichtet und mit ihm verbunden. Wie weit andere Unternehmen, sei es aus dieser oder aus anderen Branchen, andere Varianten und Optionen erkennen lassen, muß noch diskutiert werden.

Ich möchte zunächst die Bemerkungen von Mark Spoerer aufgreifen, der tendenziell davon gesprochen hat, daß Zwangsarbeit ein natürliches Element der Gewinnmaximierung gewesen und mit moralischer Indifferenz betrachtet worden sei. Dies müßte wohl doch kritisch bewertet werden. Wenn ein Unternehmen zu der Einschätzung kommt, daß Maschinen ihm wichtiger seien als Menschen und die Rettung dieser Maschinen vor Bombenangriffen Vorrang haben müsse vor der Evakuierung der Belegschaft, da Arbeitskräfte scheinbar in unbegrenztem Maße zur Verfügung stehen, so zeigt dies eine Perversion des Denkens, in der alle Maßstäbe verrückt worden sind.

Zum andern möchte ich auf die These von Harold James in seinem Vortrag über die Banken im Dritten Reich zurückkommen, daß nämlich mit den Ereignissen des Jahres 1938 möglicherweise ein Handlungskodex zerbrochen sei, indem Handlungsmaximen, die bis dahin weitgehend noch gegolten haben, angesichts der sich nun eröffnenden ökonomischen Perspektiven mehr und mehr hintangesetzt worden seien. Hier wäre zu fragen, ob ähnliches auch über die Unternehmer gesagt werden kann. Zwar waren Banker eine kleinere, wohl auch eine homogenere Gruppe als diese, so daß der Vergleich problematisch ist, doch läßt sich auch für die Unternehmerschaft konstatieren, daß in manchem Fall die sich aus der politischen und militärischen Entwicklung ab 1938 ergebenden Möglichkeiten zu wirtschaftlicher Expansion und zur Kooperation mit dem Regime zum Vorteil des eigenen Betriebes mit immer weniger Skrupeln ergriffen worden sind. Zumindest sollte darüber nachgedacht werden, wieweit bei dem Thema «Unternehmer im Dritten Reich» derartige Veränderungen konstatiert und Zäsuren gesetzt werden können.

MARK SPOERER

Die Automobilindustrie im Dritten Reich: Wachstum um jeden Preis?

Die Geschichte von VW, so interessant sie ist, ist alles andere als typisch für die der Automobilindustrie im Dritten Reich. Zum einen begann die Produktion im Volkswagenwerk erst im August 1940, und zum anderen war es als quasistaatliches Unternehmen die Ausnahme in einer von Privatunternehmen dominierten Branche. Auf dieser Tagung wird ganz sicherlich die Mitverantwortung und Schuld von Unternehmen im Dritten Reich im Mittelpunkt stehen, was – auch wenn das so deutlich meist nicht ausgesprochen wird – die Legitimation und das Selbstverständnis des kapitalistischen Unternehmens von heute tangiert. Aus dieser normativ-ethischen Perspektive ist die Entwicklung privatwirtschaftlicher Unternehmen zweifellos interessanter als die von staatlichen. Im folgenden soll daher quasi als Kontrastprogramm zur VW-Geschichte ein ganz kurzer Überblick über die wirtschaftliche Entwicklung der Automobilindustrie in den dreißiger und vierziger Jahren gegeben werden.[1]

Wie sah die Ausgangssituation für die Automobilindustrie Anfang der dreißiger Jahre, also kurz vor der Machtergreifung, aus? Abbildung 1[2] veranschaulicht den Zusammenhang zwischen dem wirtschaftlichen Entwicklungsstand verschiedener europäischer Länder, gemessen am Bruttoinlandsprodukt zu Marktpreisen 1929,[3] und dem Motorisierungsgrad (Pkw und Lkw, also ohne Motorräder, pro 1.000 Einwohner) zu Jahresbeginn 1930. Es überrascht nicht, daß der Zusammenhang positiv ist, wohl aber, daß Deutschland, insbesondere

1 Vgl. als Überblick Richard J. Overy, *Cars, roads and economic recovery in Germany 1932–1938,* in: Economic History Review, 28 (1975), 466–483; Hansjoachim Henning, *Kraftfahrzeugindustrie und Autobahnbau in der Wirtschaftspolitik des Nationalsozialismus,* in: Vierteljahrschrift für Sozial- und Wirtschaftsgeschichte 65 (1978), 217–242; Hans Chr. V. Seherr-Thoss, *Die deutsche Automobilindustrie. Eine Dokumentation von 1886 bis 1979,* Stuttgart 1979; Fritz Blaich (1987), *Why Did the Pioneer Fall Behind? Motorisation in Germany Between the Wars,* in: Theo Barker (Hrsg.), *The Economic and Social Effects of the Spread of Motor Vehicles,* Basingstoke 1987, 148–164; Hartmut H. Knittel, *Panzerfertigung im Zweiten Weltkrieg. Industrieproduktion für die deutsche Wehrmacht,* Herford 1988; Heidrun Edelmann, *Vom Luxusgut zum Gebrauchsgegenstand. Die Geschichte der Verbreitung von Personenkraftwagen in Deutschland,* Frankfurt am Main 1989; Magnus Tessner, *Die deutsche Automobilindustrie im Strukturwandel von 1919 bis 1938,* Köln 1994.

2 Quellen: *Statistisches Jahrbuch für das Deutsche Reich 1930,* Berlin 1930, 72, 1931, 78; *Tatsachen und Zahlen aus der Kraftverkehrswirtschaft 1930,* Berlin 1930, 112; Angus Maddison, *Monitoring the World Economy,* Paris 1995, 104–110, 180–186.

3 Für Deutschland umgerechnet auf Reichsgebiet 1937 mit: *Deutsches Geld- und Bankwesen in Zahlen 1876–1975,* Frankfurt am Main 1976, 7.

gemessen an anderen europäischen Flächenstaaten wie Italien, Spanien, Schweden und vor allem Frankreich und Großbritannien, die den Zeitgenossen stets als Referenzmaßstab dienten, deutlich unter dem Trend lag, also «untermotorisiert» war.

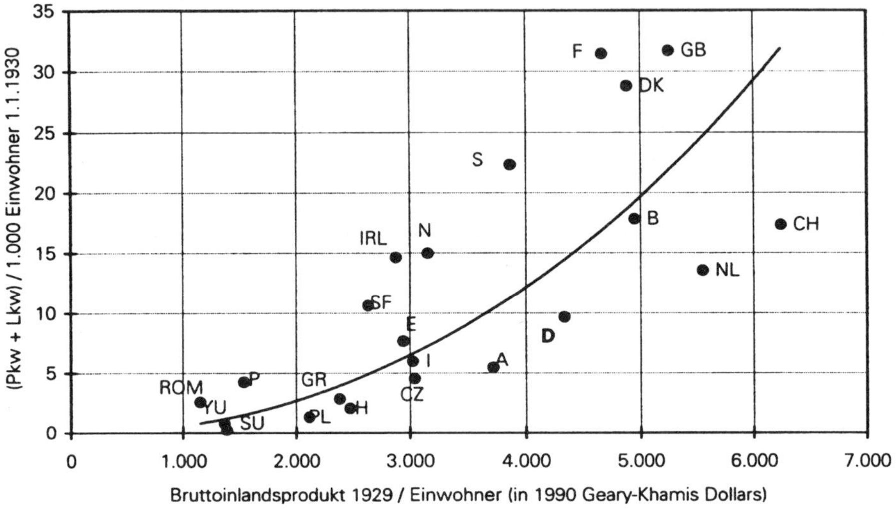

Abb. 1: Zusammenhang zwischen Pro-Kopf-Einkommen und Kfz-Dichte in Europa 1929

Diesen damals in der Öffentlichkeit viel diskutierten Zusammenhang sahen die Nationalsozialisten auch und setzten dort öffentlichkeitswirksam mit wirtschaftspolitischen Maßnahmen an: sie senkten die mit dem Besitz und der Nutzung von Kfz verbundene Steuerbelastung, sie reintensivierten die von den Weimarer Regierungen 1930 bis 1932 stark vernachlässigten Straßenreparaturen und -neubauten, und vor allem verwerteten sie dies propagandistisch, bekanntlich mit Nachwirkungen bis heute (Mythos Reichsautobahnen, Arbeitsbeschaffung). Tatsächlich jedoch hat das Wachstum des Kfz-Bestands im Dritten Reich nicht mehr die Zuwachsraten der Weimarer Zeit bis vor der Wirtschaftskrise erreicht, wie Abbildung 2[4] zeigt.

In den Jahren 1921 bis 1929 – also einschließlich der turbulenten Inflationsjahre – wuchs der Kfz-Bestand jedes Jahr um durchschnittlich 26 Prozent, 1934 bis 1938 jedoch nur noch um jährlich 18 Prozent, obwohl doch infolge aufgeschobener Neuanschaffungen zur Zeit der Wirtschaftskrise ab 1933 ein Nachholeffekt zu vermuten gewesen wäre. Möglicherweise reflektiert das geringere

4 Quelle: *Tatsachen und Zahlen aus der Kraftverkehrswirtschaft 1938*, Berlin, 11, 18.

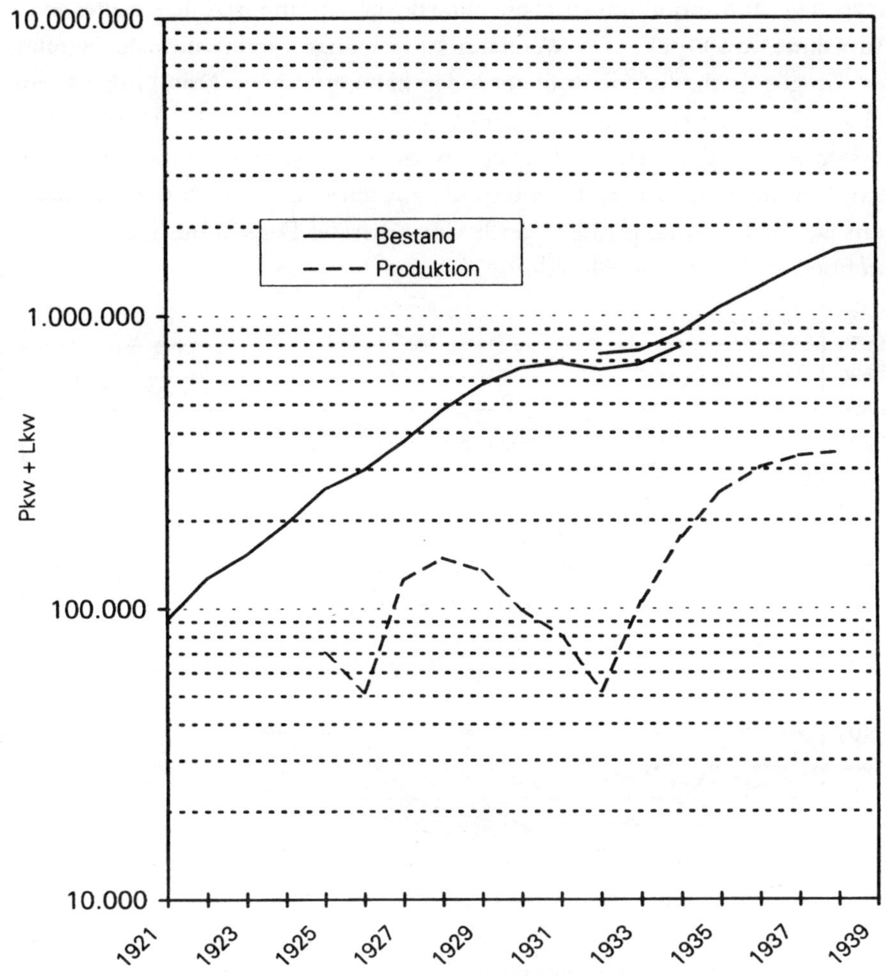

Abb. 2: Kraftwagenbestand und -produktion in Deutschland 1921–1939

Wachstum zum Teil auch einen Sättigungseffekt; doch wie wachstumsträchtig der Markt noch werden sollte, zeigt die Entwicklung nach dem Zweiten Weltkrieg.

Interessanterweise spiegelt sich diese eher moderate gesamtwirtschaftliche Entwicklung, die sich mit der prahlerischen NS-Propaganda schwerlich vereinbaren läßt, nicht in der geradezu boomartigen Branchenentwicklung wieder, wie der gestrichelte Graph in Abbildung 2 zeigt. Die Produktion der inländischen Automobilindustrie stieg zwischen 1928 und 1938 um gut 80 Prozent (in Stückzahlen). Diese Entwicklung war auch Folge der NS-Außenhandelspolitik, die auf Autarkie und damit zusammenhängend auf Devisenbewirtschaftung setzte. Die Automobilindustrie, die ohne die hohen Importzölle – vielleicht mit Ausnahme von Opel – die Weimarer Jahre mangels internationaler Konkurrenzfähigkeit sicherlich nicht überstanden hätte, wurde im Dritten Reich noch stärker als vorher von der überlegenen ausländischen, v. a. US-amerikanischen Konkurrenz abgeschirmt.[5] Die künstliche Verteuerung des Automobils für den Konsumenten mag mit ein Grund gewesen sein, weshalb sich das Wachstum des Bestands im Dritten Reich verlangsamte. Die Produzenten dagegen profitierten davon, wie Abbildung 3[6] zeigt.

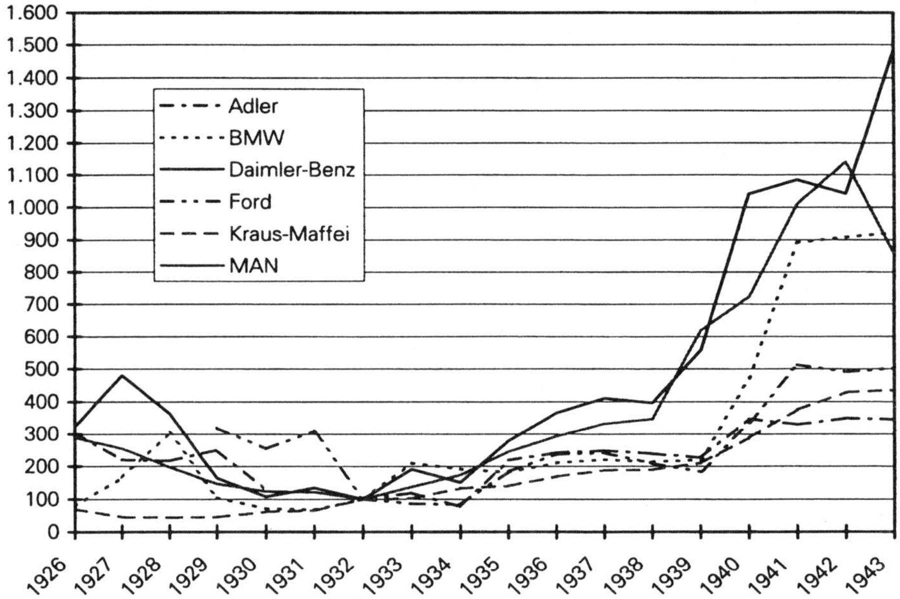

Abb. 3: Marktkapitalisierung von Unternehmen der deutschen Kfz-Industrie 1926–1943 (1932 = 100, deflationiert)

Die Abbildung veranschaulicht den (realen) Börsenwert derjenigen Unternehmen der deutschen Automobilindustrie, für die Aktienkurse ab 1932 vorliegen. Neben klassischen Kfz-Unternehmen wie Adler, BMW, Daimler-Benz und Ford sind auch der Großmotorenproduzent MAN und der Lokomotivhersteller Krauss-Maffei aufgenommen, da sie zunehmend in der Nutzfahr-

5 Vgl. dazu Reinhold Stisser, *Die deutsche Kraftfahrzeugindustrie, ihre Exportprobleme und ihre Wettbewerbslage auf dem Weltmarkt*, in: Weltwirtschaftliches Archiv, 48 (1938), 142–177; Tessner, *Automobilindustrie* (wie Anm. 1), 37–45.

6 Jahresendwerte, mit Preisindex der Lebenshaltungskosten deflationiert. Quellen: *Börsen- und Wirtschaftskalender 1930–1942, Wirtschaftshandbuch 1943–1944, Deutsches Geld- und Bankwesen* (1976), 7.

zeug- und Panzerproduktion tätig wurden. Für zwei der führenden Hersteller, die Auto-Union und die sehr profitable Adam Opel AG, liegen keine vergleichbaren Angaben vor.

Die Graphen der einzelnen Unternehmen veranschaulichen für die Jahre bis 1937 einen wirtschaftlich gesehen durchaus normalen Aufschwung nach einer starken Krise. Die Protokolle des Aufsichtsrats und des Vorstands der Daimler-Benz AG[7] etwa zeigen, daß sich die Leitungsgremien des Unternehmens in den ersten Jahren des NS-Aufschwungs ganz überwiegend mit klassischen Fragen der Pkw-Produktpolitik beschäftigten – Rüstungsaufträge (vornehm «Behördengeschäft» genannt) waren keineswegs unwichtig (s.u.), spielten aber wegen des Umfangs der Pkw-Produktion noch nicht die Rolle, die ihnen häufig zugeschrieben wird.[8]

Erst mit der Einführung der Eisen- und Stahlkontingentierung im Frühjahr 1937 fühlten die Unternehmen sich in ihrer unternehmerischen Autonomie ernsthaft beschränkt. Und spätestens mit dem Programm zur Typenbeschränkung Anfang 1939 wurde klar, daß der Staat ordnungspolitische Vorstellungen hatte, die den Interessen der Unternehmen zuwiderliefen. Diese Phase der Unsicherheit spiegelt sich interessanterweise im Börsenwert der Unternehmen wider.

Einen ungeahnten Aufschwung bescherte den Unternehmen dann jedoch der Beginn des Zweiten Weltkriegs, was offensichtlich von den Börsianern honoriert wurde. Was aber unterscheidet Unternehmen wie BMW, MAN und vor allem Daimler-Benz, deren Börsenwert hochschoß, von Adler, Ford und Krauss-Maffei? Es wäre angesichts des unbefriedigenden Forschungsstands für die Kriegsjahre an dieser Stelle voreilig, eine eindeutige Aussage machen zu wollen, doch scheint, daß die erstgenannten Unternehmen von Anfang an und mit Erfolg in die Produktion von Rüstungsgütern einstiegen: Daimler-Benz und vor allem BMW setzten früh – wie schon im Ersten Weltkrieg – auf Flugmotoren, wiederum Daimler-Benz und MAN auf die Panzerherstellung. Adler dagegen war von Daimler-Benz durch Abwerben des Chefkonstrukteurs und seiner Mitarbeiter aus der Flugmotorenproduktion gedrängt worden,[9] und Ford beschränkte sich auf die Herstellung von Nutzfahrzeugen. Erst nach Beginn des Krieges stiegen diese Unternehmen, wie auch die Auto-Union

7 *Mercedes-Benz-Archiv*, Bestand Kissel I/7–15.

8 Dies gilt für fast die gesamte Branche, vgl. die Zahlen in: Johannes A. Stölzle, *Staat und Automobilindustrie in Deutschland*, Diss. Freiburg 1959. Eine Ausnahme sind die BMW, deren Rüstungsanteil am Gesamtumsatz schon spätestens 1936 über 50 Prozent betragen haben dürfte, vgl. Andreas Heusler, *Ausländereinsatz. Zwangsarbeit für die Münchner Kriegswirtschaft 1939–1945*, München 1996, 35.

9 Ernst Kaiser/Michael Knorn, *«Wir lebten und schliefen zwischen den Toten». Rüstungsproduktion, Zwangsarbeit und Vernichtung in den Frankfurter Adlerwerken*, ²1996, 50, Frankfurt am Main u. a.

und Opel, in die nicht ganz so lukrative Panzerteil- bzw. Flugzeugzellenproduktion ein.

Der bereitwillige Einstieg in die gewinnträchtige Rüstungsproduktion ist ein typisches Muster, das sich ebenso für andere Industrieunternehmen außerhalb der hier betrachteten Branche feststellen läßt. Auch in der Wirtschaft basierte die nationalsozialistische Politik auf Ausübung von Macht und Gewalt als *ultima ratio*, aber zunächst setzte sie auf Anreize, indem sie das privatwirtschaftliche Gewinnmotiv für ihre Zwecke instrumentalisierte: Rüstungsaufträge waren sehr lukrativ, und Unternehmen, die das Angebot wahrnahmen, konnten im Dritten Reich davon ungemein profitieren. Und das taten viele.[10]

In diesem Zusammenhang ist auch der viel diskutierte Topos der Zwangsarbeit zu sehen, der hier als Beispiel für die Verstrickung privatwirtschaftlicher Unternehmen in die Verbrechen der NS-Zeit genommen werden soll. Es mag zynisch klingen, doch der von Hans Mommsen in seinem Beitrag als offenes Problem der Forschung bezeichnete Zusammenhang zwischen Rüstungsproduktion und Zwangsarbeit erscheint mir als offensichtlich und erschreckend banal.[11] Für die Unternehmen war nämlich der Einsatz ausländischer Arbeiter ein nachgeordnetes Problem unternehmerischer Wachstumsstrategie. Die meisten Unternehmen handelten damals nach einem rein betriebswirtschaftlichen Kalkül und hatten die Nachkriegsperspektive im Auge. Für sie war es vordringlich, Sachkapital in Form von Maschinen und Humankapital in Form von Ingenieuren, Facharbeitern, Meistern usw. über den Krieg zu sichern. Und dafür setzten die meisten auf eine Strategie des Umsatzwachstums, in dem sie sich aktiv im Wettbewerb um die lukrativen Rüstungsaufträge beteiligten.[12] Da die deutschen Facharbeiter in zunehmendem Maße zur Wehrmacht eingezogen wurden, forderten die Unternehmen Arbeitskräfte beim Arbeitsamt an, das ihnen zunehmend Ausländer schickte, zunächst vielleicht noch Freiwillige, dann jedoch zur Arbeit in Deutschland gezwungene Deportierte aus Ost- und Westeuropa. Auf die miserablen Arbeits- und Lebensbedingungen dieser Menschen muß hier wohl nicht weiter eingegangen werden.[13]

Entgegen einem weit verbreiteten Trugschluß muß übrigens ein Unter-

10 Mark Spoerer, *Von Scheingewinnen zum Rüstungsboom. Die Eigenkapitalrentabilität der deutschen Industrieaktiengesellschaften 1925–1941*, Stuttgart 1996.

11 Vgl. etwa die sorgfältigen Studien von Roland Peter, *Rüstungspolitik in Baden. Kriegswirtschaft und Arbeitseinsatz in einer Grenzregion im Zweiten Weltkrieg*, München 1995, und Heusler, *Ausländereinsatz* (wie Anm. 8).

12 Dies ist z. B. für Daimler-Benz klar herausgearbeitet worden von Neil Gregor, *Stern und Hakenkreuz. Daimler-Benz im Dritten Reich*, Berlin 1997.

13 Das Standardwerk ist immer noch Ulrich Herbert, *Fremdarbeiter. Politik und Praxis des «Ausländereinsatzes» in der Kriegswirtschaft des Dritten Reichs*, Berlin u.a. 1985. Vgl. für die Automobilindustrie u.a. die Beiträge in: *Das Daimler-Benz-Buch, Ein Rüstungskonzern im «Tausendjährigen Reich»*, Nördlingen 1988; Barbara Hopmann u.a., *Zwangsarbeit bei Daimler-Benz*, Stuttgart 1994; Kaiser/Knorn

nehmen, das Zwangsarbeiter im Zweiten Weltkrieg eingesetzt hat, nicht zwingend schuldhaft gehandelt haben, da es bei der Anforderung nicht gewußt haben mag, daß es einige Wochen oder Monate später Arbeiter erhalten würde, die im Gegensatz zu den bis dahin beschäftigten nicht freiwillig in Deutschland waren. Aus normativer, oder wenn man so will, moralischer Perspektive ist daher die Tatsache des Einsatzes ausländischer Arbeitskräfte bei einem Unternehmen für sich genommen wenig relevant. Entscheidend ist, ob das Unternehmen weiter auf eine Wachstumsstrategie setzte und dabei billigend in Kauf nahm, auch dann noch Ausländer anfordern zu müssen, als der Zwangscharakter der Arbeit offensichtlich war. Wichtig ist zweitens natürlich auch, wie die Menschen von den Unternehmen behandelt worden sind. Kürzlich erschienene Regionalstudien für Baden und München, deren Verfasser eben nicht nur die Großunternehmen (darunter Daimler-Benz und BMW), sondern auch kleine und mittlere Unternehmen untersucht haben, zeigen einmal mehr, daß nicht unbeträchtliche Handlungsspielräume existierten, und daß sie zuweilen auch genutzt wurden, etwa von patriarchalisch denkenden Unternehmern.[14]

Für die hier untersuchte Automobilindustrie läßt sich allerdings ein solches Engagement nicht feststellen. Im Gegenteil, es scheint, daß bis auf Opel alle großen deutschen Automobilunternehmen auch den letzten Schritt gingen und aus freien Stücken, also ohne behördlichen Zwang, KZ-Häftlinge einsetzten.[14] Auch wenn sich für einige Unternehmen nachweisen läßt, daß entscheidende Manager überzeugte Nazis waren, so etwa für Daimler-Benz bis 1942,[16]

(wie Anm. 9); Hans Mommsen / Manfred Grieger, *Das Volkswagenwerk und seine Arbeiter im Dritten Reich*, Düsseldorf 1996.

14 Peter, *Rüstungspolitik* (wie Anm. 11) und Heusler, *Ausländereinsatz* (wie Anm. 8).

15 Adler: Kaiser / Knorn (wie Anm. 9); Auto-Union: Hans-Rüdiger Etzold / Ewald Rother / Thomas Erdmann, *Auto Union. Im Zeichen der vier Ringe 1873–1945*, Ingolstadt, 393 f.; BMW: Heusler, *Ausländereinsatz* (wie Anm. 8), 39 f.; Borgward und Büssing-NAG: Jörg Wollenberg, *Vom Auswandererlager zum KZ. Zur Geschichte des Bremer Konzentrationslager Mißler*, in: *Zwangsarbeit, Rüstung, Widerstand 1931–1945*, Bremen 1982, 85–150, 135; Daimler-Benz: Hopmann u. a., *Zwangsarbeit* (wie Anm. 12); Birgit Weitz, *Der Einsatz von KZ-Häftlingen und jüdischen Zwangsarbeitern bei der Daimler-Benz AG (1941–1945)*, in: Hermann Kaienburg (Hrsg.), *Konzentrationslager und deutsche Wirtschaft*, Opladen, 169–195; Ford: Karola Fings, *Messelager Köln. Ein KZ-Außenlager im Zentrum der Stadt*, Köln 1996, 152–154, und *Zwangsarbeit bei Ford. Eine Dokumentation*, Köln 1996; VW: Mommsen / Grieger, Das Volkswagenwerk (wie Anm. 12). – Obwohl das Lkw-Großserienwerk in Brandenburg sehr gut geeignet für den Einsatz von KZ-Häftlingen war, lehnte Opel offenbar entsprechende Angebote der SS ab, vgl. Heidrun Edelmann, *Die Reden Heinrich Nordhoffs. Zeugnisse einer Ära*, in: *Heinrich Nordhoff, Reden und Aufsätze. Zeugnisse einer Ära*, Düsseldorf 1992, 15–45, hier 22 f., und Ekkart Bartels, *Opel Militärfahrzeuge*, Wölfersheim-Berstadt 1994, 128. Vgl. zur Frage der Freiwilligkeit: Mark Spoerer, *Profitierten Unternehmen von KZ-Arbeit?* (Diskussionsbeiträge aus dem Institut für Volkswirtschaftslehre der Universität Hohenheim), Stuttgart 1997.

16 Hans Pohl / Stephanie Habeth / Beate Brüninghaus, *Die Daimler-Benz AG in den Jahren 1933 bis 1945*, 27–31; Hopmann u. a., *Zwangsarbeit* (wie Anm. 12), 47.

lassen sich in der Literatur kaum Hinweise dafür finden, daß die Unternehmen primär ideologische Ziele verfolgt hätten. Rassistische Vorurteile mögen bestimmte verwerfliche Handlungen erleichtert haben, ursächlich waren jedoch betriebswirtschaftliche Motive. Dies kann auch nicht überraschen, denn die Besitzstrukturen der Unternehmen waren ja von den Nationalsozialisten nur in Ausnahmefällen angetastet worden. Solche gab es jedoch in der Automobilindustrie nicht. Selbst die US-amerikanischen Tochterunternehmen Ford und Opel, im Krieg zwei sehr bedeutende Lkw-Produzenten, wurden nur mit Samthandschuhen angefaßt.[17]

Zusammenfassend läßt sich am Beispiel der Automobilindustrie als These festhalten, daß die Beteiligung privatwirtschaftlicher Unternehmen an den Verbrechen des NS-Regimes weitaus weniger mit Ideologie zu tun hatte, als das Beispiel VW nahelegen mag, sondern aus dem Motiv der langfristigen Gewinnmaximierung folgt, der sich die Unternehmensleitungen selbst im Zweiten Weltkrieg noch verpflichtet glaubten, und für das sie moralische Bedenken zurückstellten. Ob also ein Kissel, Nordhoff oder Porsche Nazi war oder nicht, hat allenfalls anekdotischen Wert. Worauf es ankommt, ist die Frage, ob sie bereit waren, die Chancen, die ihnen das NS-Unrechtsregime bot, gegebenenfalls aus moralischen Erwägungen auszuschlagen.

Wenn dem so ist, wie hier angesichts des knappen Raums nur als These formuliert, dann ist die Moral der Geschichte der (Automobil-) Industrie im Dritten Reich eine pessimistische: Wenn Unternehmen privatwirtschaftlich ausgerichtet sind und der ordnungspolitische Rahmen, innerhalb dessen sie operieren, dem Konkurrenzprinzip verhaftet ist, dann werden sie tendenziell an Verbrechen partizipieren, solange der Staat ihnen den entsprechenden legalen Rahmen garantiert und die Presse ausschaltet. Woher wollen wir wissen, ob sich das, was sich im Dritten Reich zutrug, nicht auch heute in ähnlicher Form in Staaten abspielt oder abspielen wird, die wirtschaftlich boomen aber keine demokratischen Strukturen aufweisen? Eine spezifisch faschistische Gesinnung, so steht zu befürchten, ist für die Partizipation privatwirtschaftlicher Unternehmen an staatlich sanktionierten Verbrechen weder hinreichend noch notwendig.

16 Stephan Lindner, *Das Reichskommissariat für die Behandlung feindlichen Vermögens im Zweiten Weltkrieg*, Stuttgart 1991, 121–124.

HANS MOMMSEN

Konnten Unternehmer im Nationalsozialismus apolitisch bleiben?

Die Frage, ob die sogenannten Wirtschaftsführer im Dritten Reich überhaupt apolitisch bleiben konnten, möchte ich hier einmal aufgreifen. Beispielsweise ist Ferdinand Porsche, was seine Position betrifft, nicht einfach einzuordnen. Man sollte nicht vergessen, daß er 1932 ernsthaft erwog, in die Sowjetunion zu gehen, um dort seine technischen Erfindungen zu realisieren. Es störte ihn offenbar nicht, in welcher politischen Umgebung er seine spezifischen Ideen verwirklichte. Die wenigen nach 1945 erhaltenen Briefe zeigen das deutlich. Eine Auseinandersetzung aber mit dem Geschehen im Dritten Reich findet sich darin nirgends. Möglicherweise könnten wir mehr aussagen, wenn seine Briefe verfügbar wären, die er wahrscheinlich aus Dijon geschrieben hat.

Im ganzen ist Porsche eine Persönlichkeit, die mit dem etwas flächigen Ausdruck des «Technokraten» beschrieben werden kann. Diese Abwesenheit politischer Erwägungen unterscheidet ihn von Bodo Lafferentz, aber wohl auch von seinem Schwiegersohn, Anton Piëch. Allerdings war für unsere Forschungen der biographische Aspekt von vornherein zweitrangig, und wir hatten auch keine Möglichkeit, diesen Bereich systematisch zu erforschen. Denn das dürfte erst möglich sein, wenn die Reste des vielleicht doch noch vorhandenen Nachlasses freigegeben und die französischen Akten zugänglich sind und daß die Firma Peugeot sich nicht länger ziert, ihren Bestand zu öffnen. Vielleicht läßt sich dann eine präzisere Aussage machen.

Sicherlich ist Ferdinand Porsche im weiteren Sinne als Parteigänger des Regimes zu bezeichnen. Aber er bildet doch bei Zusammentreffen mit führenden Nationalsozialisten, so beispielsweise im Führerhauptquartier, einen Fremdkörper. Das heißt ja nicht, daß Porsche und Piëch, ebenso wie die anderen Unternehmer, eine politische Verantwortung trugen und indirekt in die Politik eingegriffen haben.

Die Vorstellung einer «Flucht in den Betrieb», wie sie zuerst von Wolfgang Werner in Bezug auf die Industriearbeiterschaft formuliert wurde, galt in ähnlicher Weise für das Management, und das wird auch in der neuen Studie von Neil Gregor über Daimler-Benz im Dritten Reich deutlich. Die ausschließliche Fixierung auf den Bestand und das Überleben des Betriebes hilft auch zu erklären, warum das Management sich dem Produzieren um jeden Preis verschrieb und sich nicht scheute, Zwangsarbeiter und schließlich auch KZ-Häftlinge unter immer unsäglicheren Bedingungen zu beschäftigen. Es handelt sich dabei nicht um eine Indoktrination durch die nationalsozialistische Ideologie, sondern ein unreflektiertes Verhalten, das teils aus den engen Betriebsbindungen, teils aus der generellen Entpolitisierung der deutschen Innenpolitik nach 1933 abgeleitet werden könnte. Überhaupt müßte dieser Komplex Gegenstand einer vergleichenden Betrachtung sein, die zugleich dazu verhilft, von eher zufälligen oder zufällig überlieferten biographischen Teilen herunterzukommen. Daß bei den hier zur Debatte stehenden Vertretern des Managements eine eindeutige Verstrickung in die verbrecherische Politik des Dritten Reiches stattgefunden hat, ist unbestritten. Es handelt sich jedoch nicht bloß um ein moralisches Problem. Denn die eigentliche Frage, warum dies widerspruchslos hingenommen wurde, steht auf einem anderen Blatt. Ihre Beantwortung hat sicherlich mit der Beobachtung zu tun, daß beträchtliche Teile des Managements – jedoch nicht dessen Gesamtheit – an politischen Fragen im allgemeinen vollkommen desinteressiert waren und den Wechsel der politischen Systeme gleichgültig hingenommen haben.

Die schrittweise Gewöhnung der Unternehmer und des Managements an den Unrechtscharakter der Zwangsarbeit und der immer mehr zum Alltag werdende Einsatz von KZ-Häftlingen als «Menschenmaterial», das einfach verschlissen wird, ist eine allgemeine Erscheinung, die nicht primär mit dem Grad der Indoktrination durch die NS-Propaganda erklärt werden kann. Jedoch sollte danach gefragt werden, in welchem Maß sich auch in den Betrieben eine rassistische Mentalität durchgesetzt hat, welche die Mißhandlung von russischen Kriegsgefangenen und KZ-Häftlingen begünstigte. Die Beantwortung dieser Fragen geht jedoch über eine vergleichende Analyse der Mentalität der Unternehmerschaft weit hinaus.

Über die Willensbildung der Unternehmensführungen wissen wir vergleichsweise wenig, weil die Unterlagen mit Ausnahme von wenigen Gesellschaften, wie der Daimler-Benz AG, nur begrenzt über die Spitzenentscheidungen aussagen, namentlich in der Spätphase des Regimes, in welcher der Druck auf die Unternehmen wuchs. Zugleich aber hat das Betriebsführerprinzip zusätzlich dazu beigetragen, daß eine kollegiale Erörterung der Führungsentscheidungen immer weniger stattfand.

Zusammenhängend damit stellt sich die Frage, welchen Spielraum das Management gegenüber den Anweisungen der Rüstungskontrollbehörden gehabt hat. Der Handlungsspielraum der Unternehmer war jedoch nicht nur durch die direkte Rüstungskontrolle, sondern auch durch die Zuweisung von Rohstoffen und Arbeitskräften sehr stark eingeengt. Es bedarf der Untersuchung vieler einzelner Fälle, um ein angemessenes Bild der Möglichkeiten der

Unternehmensführungen zu zeichnen, bestimmte Produktionen herein zu nehmen oder abzulehnen. Im Falle der Volkswagen GmbH war es sicherlich nicht notwendig, die Aluminiumgießerei mit Hilfe von KZ-Häftlingen zu errichten. Das Motiv dafür lag primär bei rüstungsfremden Gesichtspunkten. Zweifellos gab es bestimmte Freiräume für unternehmerische Entscheidungen, wenngleich sie gegen Ende des Krieges unter der Regie des Jägerstabs zunehmend eingeschränkt wurden. Es müßte der Versuch gemacht werden, die Divergenzen, die in dieser Hinsicht auftraten, systematisch zu erfassen, so auch die Untertageverlagerung, die eine starke Firmenkonkurrenz auf den Plan rief. Bekanntlich stand bei der Untertageverlagerung neben einer Erweiterung der Kapazität ebenfalls der Schutz der wertvollen Maschinenausrüstung vor Zerstörung durch Luftangriffe im Vordergrund. Die Energie, mit der einzelne Betriebe versuchten, Untertageanlagen zugeteilt zu erhalten, hing sicherlich stark von ihrer Einschätzung der Kriegslage und ihrer Loyalität dem Regime gegenüber zusammen. Eine vergleichende Analyse wäre geeignet, ein zuverlässigeres Bild der Rolle und Motive der Unternehmer in dieser Frage zu gewinnen, das vermutlich apologetischen Argumenten, daß jedenfalls seit 1942 die Autonomie des unternehmerischen Handelns generell nicht mehr gegeben gewesen sei, den Boden entziehen dürfte.

Von diesen empirischen Problemstellungen muß die Frage nach der psychologischen Disposition der Unternehmerschaft getrennt aufgegriffen werden. Dabei dürfte die individuelle Analyse des Unternehmerverhaltens nicht eben weit führen und bedürfte einer prosopographischen Analyse, die den Mangel auszugleichen vermag, daß der einzelne Unternehmer über die historisch-politischen Bezüge seines Handels selten zu reflektieren pflegt. Eine vergleichende Untersuchung würde sicherlich dazu beitragen, aus schwarz-weißen Deutungen heraus zu gelangen.

Es muß zugleich davon ausgegangen werden, daß unter den Bedingungen des Dritten Reiches die Disposition von Industrieunternehmen, sich in Grenzsituationen den Zumutungen des Regimes zu erwehren, begreiflicherweise gering war und daß selbst im Fall von Robert Bosch, der mit dem 20. Juli 1944 in Verbindung stand, der Konzern als solcher sich nicht abweichend verhielt. Die Verstrickung in die Gewaltherrschaft und die Verbrechen des Regimes sind daher zum wenigsten in die individuelle Psychologie des einzelnen Unternehmers als in der auch für sie bestimmenden deutschen politischen Tradition, die durch einen hohen Grad autoritärer Einstellungen und Überbewertung der formalen Legalität geprägt war und die Akzeptanz der NS Gesetzgebung erleichtere, zu suchen.

Sprechen wir besser vom Management, zumal der Begriff des Unternehmers bestimmte Eigentumsverhältnisse impliziert, die für die Frage, die hier ansteht, irrelevant ist. Es ist eindeutig, daß die deutschen Unternehmer in aller Regel nicht dem Widerstand gegen Hitler angehört haben, der ohnehin fast ausnahmslos von Außenseitern auf der Linken oder der Rechten getragen wurde, während die Unternehmer zur liberalen Mitte tendierten. Es bedurfte jedoch nicht der Bereitschaft zum Widerstand, um auf die unerträgliche Lage der Kriegsgefangenen und KZ-Häftlinge aufmerksam zu werden. Es ist nicht leicht zu begreifen, daß von seiten der Unternehmer nicht mehr getan worden ist, um das Los der verschiedenen Gruppen von Zwangsarbeitern wenigstens zu erleichtern, und ebensowenig ist es einfach zu erklären, warum selbst verschwiegene Gegner des Regimes, wie der Daimler-Benz-Chef Wilhelm Hasperl, bis zuletzt nicht zögerten, jüdische KZ-Häftlinge einzusetzen, um die Existenz der eigenen Firma über den Zusammenbruch hinüber zu retten. Insofern bleibt ein unaufgelöster Rest, dessen Aufklärung sich einer bloßen interessenpolitischen Analyse entzieht.

KLAUS HILDEBRAND

Die Deutsche Reichsbahn 1933 – 1945

I. Die Organisation: «Frei von Versailles»

Obwohl die nationalsozialistische «Machtergreifung» auf Dauer für die Reichsbahn grundlegend Neues und bis dahin Außergewöhnliches mit sich brachte, blieb erst einmal vieles beim alten und Vertrauten. Wie eh und je nahm der Dienst des größten Unternehmens im Reich seinen von Pflichterfüllung und Zuverlässigkeit bestimmten Gang. Erst nach und nach mischten sich Tradition und Normalität mit der Ideologie und dem Verbrechen des Regimes. Weil das Kriminelle sich fast immer mit dem Gewand des Herkömmlichen tarnte, oftmals schwer identifizierbar war und sich durchgehend hinter bürokratischer Ordnung verbarg, blieb es lange, im Grunde bis zum katastrophalen Ende des Reiches und der Reichsbahn, unerkannt oder akzeptiert. Das erklärt zum einen die unbestreitbaren Leistungen der Reichsbahn in Frieden und Krieg; das verweist zum anderen auf ihre unleugbare Verstrickung in den Waffen- und Rassenkrieg der Hitler-Diktatur.

Die nationalsozialistische «Gleichschaltung», die das Deutsche Reich in das «Dritte Reich» verwandelte, ergriff, rasch und allmählich zugleich, vom 30. Januar 1933 an auch die Großorganisation der Reichsbahn. In formaler Hinsicht wurde erst mit dem «Gesetz zur Neuregelung der Verhältnisse der Reichsbank und der Deutschen Reichsbahn» vom 7. Februar 1937 aus der Reichsbahn-Gesellschaft der Weimarer Jahre, die sich damals auf dem Wege von einer staatlichen Verwaltung zu einem kaufmännisch geführten Unternehmen befand, die Deutsche Reichsbahn.

Diese war von nun an ein Staatsbetrieb; ihr Generaldirektor wurde zum Reichsverkehrsminister ernannt und amtierte gleichzeitig an der Spitze der Eisenbahnverwaltung weiter; ihre bevorzugte Aufgabe lag darin, dem Reich zu dienen, nicht aber Profit zu machen. Die Entscheidung, mit der Hitler in seiner Rede vom 30. Januar 1937 die Reichsbahn «restlos unter die Hoheit der Regierung»[1] stellte, zog lediglich den Schlußstrich unter eine allgemeine poli-

1 Max Domarus, *Hitler. Reden und Proklamationen 1932–1945*. Kommentiert von einem Zeitgenossen, Band I, Zweiter Halbband 1935–1938, Wiesbaden 1973, 667.

tische und eine besondere unternehmensgeschichtliche Entwicklung: Damit wurde zum einen die definitive Lösung des Reiches vom Versailler Frieden demonstriert. Und zum anderen war der Schritt des «Führers», der die «Gleichschaltung» besiegelte, den durchweg national gesonnenen Angehörigen der Reichsbahn höchst willkommen. Längst hatten sie sich mit dem Regime arrangiert, hatten es akzeptiert und in vielem auch begrüßt. Durch Mitarbeit im neuen Staat gedachten sie sowohl ihrem Unternehmen zu nutzen, an das sie sich fast familiär gebunden fühlten, als auch ihrem Vaterland zu dienen, was ihnen einfach natürlich erschien.

Immerhin, die anfänglichen Versuche einer wilden Machtübernahme der Reichsbahn durch nationalsozialistische Eisenbahner, die, um den weltweit geschätzten Generaldirektor Dorpmüller zu stürzen, in der Berliner Voßstraße sogar demonstriert hatten, waren ohne Probleme abgewehrt worden. Hitler hielt an dem «Hindenburg der Reichsbahn»[2] als an einer konservativen Symbolfigur fest. Die personellen Veränderungen an der Spitze der Verwaltung waren nicht allzu erheblich. Prominentes Opfer wurde Wilhelm Weirauch, der als Stellvertreter Dorpmüllers der Personalabteilung vorstand. Am 25. Juli 1933 wurde er durch Wilhelm Kleinmann ersetzt, der, Eisenbahnfachmann und Parteigenosse, stets in SA-Uniform aufzutreten pflegte und die speziellen Belange der «braunen Bewegung» verfolgte. Ansonsten blieb die Organisation weitgehend erhalten. Die Hauptverwaltung wurde wieder, wie schon vor 1924, Bestandteil des Verkehrsministeriums.

Das alles war nichts besonderes, nichts spezifisch Nationalsozialistisches, nichts, was auf Ablehnung stieß, sondern vielmehr Zustimmung fand: Dorpmüller, der durch Zusammenarbeit mit dem Regime die Existenz seines Unternehmens zu sichern bestrebt war, ging mit der neuen Zeit und begrüßte es ausgesprochen, daß die Reichsbahn jetzt endgültig «frei [war] von Versailles»[3].

Die Technik: «Die schnellste Lokomotive der Welt»

Kontinuität und Wandel, stetige Entwicklung und spektakulärer Fortschritt kennzeichneten auch, bis der Zweite Weltkrieg ganz andere Prioritäten zu setzen zwang, das Verhältnis der Reichsbahn zur Technik während der dreißiger Jahre. Das einst dominierende Universalverkehrsmittel der modernen Zeit hatte sich auf diesem Gebiet im neuen Wettbewerb mit dem Automobil und dem Flugzeug zu behaupten. Was ihr aus mannigfachen Gründen in wirtschaftlicher Hinsicht unübersehbare Schwierigkeiten bereitete, gelang der

2 Alfred Gottwaldt, *Julius Dorpmüller, die Reichsbahn und die Autobahn. Verkehrspolitik und Leben des Verkehrsministers bis 1945*, Berlin 1995, 126.

3 Zitiert nach Gottwaldt, *Julius Dorpmüller* (wie Anm. 2), 65.

Reichsbahn ungeachtet der widrigen Verhältnisse in einer Diktatur, die sich auf den Krieg vorbereitete, im technischen Zusammenhang durchaus.

Diese Tatsache bleibt festzuhalten, obwohl fundamentalistische Romantiker innerhalb der nationalsozialistischen Bewegung bzw. ihnen nahestehende Ideologen gerade auf diesem Feld entschieden anderes wollten. Werner Sombart beispielsweise klagte die Hypertrophie des Fortschritts heftig an, forderte die Kontrolle industrieller Entwicklungen durch den Staat, plädierte für eine Herauslösung Deutschlands aus der Weltwirtschaft und glaubte, in einer teilweisen Reagrarisierung das Heil für ein autarkes Reich zu finden. Kein Wunder, daß in seinem 1934 erschienenen Werk «Deutscher Sozialismus» über ein Spitzenprodukt der Reichsbahn zu lesen war: «Wir bewundern den ‹fliegenden Hamburger›, ohne uns klarzumachen, daß es im Grunde ziemlich gleichgültig ist, ob man eine Stunde früher in Hamburg ist oder nicht.»[4] .

Doch diese antimodernen Töne verhallten ohne Wirkung. Die Sachzwänge der Technik drängten weltanschauliche Barrieren resolut zur Seite; die Möglichkeiten der Moderne wurden, der Tendenz nach jedenfalls, ohne Bedenken genutzt. Das «Dritte Reich», das ein für die Zeitgenossen nicht leicht zu identifizierendes Janusgesicht trug und seine von Thomas Mann einmal so genannte «explodierende Altertümlichkeit»[5] auf eine gefährlich dynamische Mischung aus rückwärtsgewandten sowie zukunftsweisenden Elementen gründete, wollte durchaus an der Spitze des technischen Fortschritts marschieren. Es war diesem sogar demonstrativ zugetan und förderte diese Tendenz der Moderne mit unübersehbarem Aufwand. Seine atavistischen Endziele, die sich in Kriegsbesessenheit, «Lebensraum»-Kult und Rassenwahn niederschlugen und denen die Reichsbahn schon bald zu dienen hatte, wurden davon freilich nicht berührt: Mit den modernen Mitteln des 20. Jahrhunderts rollte das «Dritte Reich» einer vormodernen Utopie zu, die eine radikale Absage an die zivilisatorischen Bedingungen der industriellen Welt beinhaltete.

Aber davon war vorläufig noch nicht die Rede. Vielmehr hatte die Reichsbahn auch in diesen Jahren bleibende Vorzüge auf technischem Gebiet vorzuweisen: Spezialisierte Teilsysteme, insbesondere die Berliner S-Bahn, das Schnelltriebwagennetz und die Großraumgüterzüge wurden für spezielle Märkte entwickelt. Alles in allem gewann das gesamte System an Geschwindigkeit und gleichzeitig noch an Sicherheit: Nach einigen spektakulären Zugunglücken, die Ende der zwanziger / Anfang der dreißiger Jahre Erschütterungen ausgelöst hatten, brachte die Einführung der Induktiven Zugsicherung – kurz Indusi genannt – bei steigender Geschwindigkeit erhöhte Sicherheit.

4 Werner Sombart, *Deutscher Sozialismus,* Charlottenburg 1934, 254.

5 Thomas Mann, *Doktor Faustus,* Frankfurt am Main 1980, 506.

Um aber die technische Bilanz nicht einseitig zu zeichnen, ist natürlich auch auf ihre unverkennbaren Defizite hinzuweisen: Erzwungene Einsparungen bei der Unterhaltung und Erneuerung des Gleiskörpers ebenso wie bei der erforderlichen Neubeschaffung von Wagen und Loks verhinderten die an sich wünschenswerte Beseitigung der Mängel, die seit der Weltwirtschaftskrise zu beklagen waren. «Das Investitionsvolumen», so hat Christopher Kopper den in dieser Hinsicht ausschlaggebenden Zusammenhang von Geld und Fortschritt umschrieben, «hielt nicht mit der Verkehrserweiterung Schritt».[6]

Von technischen Fortschritten zu berichten, läßt den Blick über die normalen Zugsysteme hinaus selbstverständlich auf die weltweit bewunderten Spitzenobjekte der Reichsbahn fallen. Diese ließen die durchschnittliche Geschwindigkeit, die für Schnellzüge im Jahre 1937 in den unterschiedlichen Relationen auf 75 km/h gesteigert wurde, großzügig hinter sich. Allen voran wurde ein dieselelektrischer Schnelltriebwagen mit der schlichten Reichsbahn-Nummer 877 a/b zur Legende. Seit dem 15. Mai 1933 verkehrte er, der den Beinamen «Fliegender Hamburger» trug, zwischen der Hansestadt und der Reichshauptstadt. Seine fahrplanmäßige Höchstgeschwindigkeit betrug 160 km/h; sein Erfolg veranlaßte die Reichsbahn dazu, weitere Schnelltriebwagen zu bestellen; ab 1935 wurde mit ihnen ein regelrechtes Netz aufgebaut.

Mehr noch: Als «die schnellste Lokomotive der Welt»[7] pries die Reichsbahn am 6. März 1935 ihre erste Stromlinienlokomotive der renommierten Baureihe 05: Ihre Maschine 05 002 erreichte am 11. Mai 1936 bei einer Vorstellungsfahrt die ganz und gar unglaubliche Geschwindigkeit von 200,4 km/h. Mit diesem Weltrekord, der vor allem im Wettbewerb mit der englischen Konkurrenz als ein nationaler Erfolg gelten durfte, gelang es der Reichsbahn auch, worauf sie sich angewiesen fühlte, die politische Verbindung zum nationalsozialistischen Regime zu festigen. Denn an der sagenhaften Rekordfahrt nahmen maßgebliche Repräsentanten der Partei, des Staates und der Wehrmacht teil, darunter, inkognito, Heinrich Himmler und Reinhard Heydrich. Im übrigen handelte es sich bei dieser Elite der Züge in erster Linie um ein Verkehrsmittel für Privilegierte, die Hamburg am Morgen verließen, tagsüber in Berlin ihren Geschäften, bevorzugt an der Börse, nachgingen und am Abend wieder

6 Christopher Kopper, *Modernität oder Scheinmodernität nationalsozialistischer Herrschaft. Das Beispiel der Verkehrspolitik*, in: *Von der Aufgabe der Freiheit. Politische Verantwortung und bürgerliche Gesellschaft im 19. und 20. Jahrhundert.* Festschrift für Hans Mommsen zum 5. November 1995. Herausgegeben von Christian Jansen, Lutz Niethammer und Bernd Weisbrod, Berlin 1995, 411.

7 Alfred Gottwaldt, *Baureihe 05 – Schnellste Dampflok der Welt. Die Geschichte einer Stromlinienlokomotive der dreißiger Jahre.* Unter Mitarbeit von Eduard Bündgen, Stuttgart 1981, Vorbemerkung.

zu Hause sein konnten, im wörtlichen Sinne zügig und ausgesprochen komfortabel.

Komfort, ja Luxus zeichnete auch den einzigen Salonwagenzug der Reichsbahn aus, auf den sie seit dem 15. Mai 1928 stolz sein durfte, den berühmten «Rheingold-Express», der die Niederlande und die Schweiz miteinander verband. Seine Maffei-Dampflokomotiven, seine violett-cremefarbenen Pullmanwagen, die vornehmen Fahrgäste und ein Mitropa-Service ohnegleichen ließen eine Fahrt mit diesem schönsten Reisezug seiner Zeit fast zu einem mondänen Erlebnis werden.[8] Allein im Verlauf der dreißiger Jahre haperte es zunehmend mehr mit der Auslastung des zu Recht bewunderten Renommierstücks der Reichsbahn: Das hatte auch damit zu tun, daß die politische Entwicklung in Deutschland manchen britischen Kaufmann beispielsweise davon abhielt, die zuvor so beliebte Verbindung weiterhin zu benutzen.

Doch über die Eisenbahnzüge hinaus, die nur wenigen vorbehalten waren, verbesserte sich der Beförderungsstandard auch für die breite Masse. Von Beginn des Eisenbahnzeitalters an entfaltete es ja ohne Zweifel egalisierende Wirkung, daß Personen unterschiedlicher Stände im Prinzip gleich schnell, wenn auch, in vier bzw. inzwischen in drei Klassen getrennt, unterschiedlich bequem reisen konnten: Nunmehr kam es auch in dieser Hinsicht zu unübersehbaren Fortschritten. Die Innenausstattung der D-Zug- und Eilzugwagen wurde erneuert; die Abteile wurden vergrößert, die Fenster verbreitert, Beleuchtung, Heizung und Belüftung verbessert. Kurzum: Auch den vielen, für die der berufliche Verkehr Alltag und die große Reise noch Abenteuer war, diente die allgemeine Entwicklung der Eisenbahntechnik während der dreißiger Jahre.

Der Arbeitgeber: «Mutter Reichsbahn»

Für die Belegschaft der Reichsbahn, die bei dem größten Arbeitgeber Deutschlands beschäftigt war, machte sich die nationalsozialistische «Machtergreifung», im Vergleich mit anderen Bereichen des Unternehmens, auf eine eher spürbare Art und Weise bemerkbar. Diese Feststellung bezieht sich beispielsweise auf die «Gleichschaltung», das heißt nichts anderes als auf die Auflösung der Eisenbahnergewerkschaften, nicht zuletzt der standesbewußten «Gewerkschaft der Lokomotivführer», auf ihre Überführung in die «Deutsche Arbeitsfront» und auf die Ablösung der Betriebs- und Beamtenräte durch die

8 Vgl. dazu Alfred Gottwaldt, *Deutsche Reichsbahn. Kulturgeschichte und Technik,* Berlin 1994, 42.

sogenannten Vertrauensräte: Das neue Regime griff nach der traditionsreichen Organisation, die sich ihrerseits ohne größeren Widerstand, ja sogar mit unverkennbarer Bereitschaft der Regierung der «nationalen Konzentration», eher willig als widerwillig, zur Verfügung stellte. Im August 1934 ordnete Generaldirektor Dorpmüller an, «die im Dienst befindlichen Beamten (...) sofort auf den Führer und Reichskanzler zu vereidigen».[9]

Zuvor, in den ersten Wochen nach der Machtübernahme, waren spontan organisierte Übergriffe der SA und der NSDAP auf lokaler Ebene keine Seltenheit, die sich, gleichsam im Handstreich, direkten Einfluß auf die Entwicklung der Reichsbahn zu sichern versuchten. Das ließ, mit auffälliger Regelmäßigkeit, nach, als die wirtschaftlichen Erwartungen dieser braunen Marodeure wenigstens teilweise erfüllt wurden. In beträchtlicher Anzahl wurden von nun an bis 1937 «Alte Kämpfer» bevorzugt eingestellt, erfuhren großzügige Beförderung und kamen in den Genuß außergewöhnlicher Vergünstigungen. Nicht zuletzt aus diesen Gründen, aber auch durch mannigfache andere, vor allem außenpolitische Faktoren verursacht, nahm die Zahl der bei der Reichsbahn Beschäftigten in gewaltigem Ausmaß zu: Sie stieg von 655.000 im Jahre 1935 auf knapp eine Mio. am Jahresende 1939 und schnellte unter den außergewöhnlichen Bedingungen des Weltkrieges auf über 1,5 Mio. Menschen im Jahre 1943 empor. Zählt man die nicht-deutschen Eisenbahner hinzu, dann hatte die Reichsbahn am 1. Januar 1943 sogar für beinahe 2,2 Mio. Beschäftigte Gehälter und Löhne aufzubringen.

Obwohl die Dienststellen der Reichsbahn-Gesellschaft im Jahre 1933 noch keine Reichsbehörden waren, wurde das «Gesetz zur Wiederherstellung des Berufsbeamtentums» vom 7. April 1933 unmittelbar übernommen. Mit Ausnahme von älteren Beamten und Frontkämpfern des Ersten Weltkrieges wurden Beschäftigte, die «nicht arischer Abstammung» waren oder die nicht die Gewähr dafür boten, daß «sie jederzeit rückhaltlos für den nationalen Staat eintreten»[10] würden, aus ihrem Dienst- bzw. Arbeitsverhältnis entlassen. Das vom Ungeist der neuen Zeit getragene Vorgehen scheint kaum beträchtlichen Widerstand hervorgerufen zu haben.

Einfach als normal hingenommen wurde auch die ungleiche Behandlung, die im Reichsbahndienst stehenden Frauen zuteil wurde. Diese erhielten weniger Lohn als ihre männlichen Kollegen; sie hatten sich zudem auf sogenannte «wesensgemäße» Tätigkeiten wie Telegraphen- und Sozialdienst, Krankenhaus-, Reinigungs- und Schrankenwärterdienst zu konzentrieren;

9 *Archiv der Reichsbahndirektion Erfurt,* Bestand 1072, Telegrammbrief vom 24. August 1934.

10 *Reichsgesetzblatt 1933,* Teil I. Herausgegeben vom Reichsministerium des Inneren, Berlin 1933, 51.

schließlich konnten sie, was bereits im Jahre 1932 durch das «Gesetz über die Rechtsstellung der weiblichen Beamten» festgesetzt worden war, selbst aus dem Beamtenverhältnis entlassen werden, «wenn die wirtschaftliche Versorgung des weiblichen Beamten nach der Höhe des Familieneinkommens dauernd gesichert erscheint».[11]

Insgesamt befand sich die im Kern nationale Reichsbahn-«Gefolgschaft», wie die Belegschaft von nun an hieß, sehr bald im Ausgleich mit den Erfordernissen des neuen Staates, der weitgehend begrüßt, teilweise sogar bejubelt wurde. Zwar verdienten die Eisenbahner deutlich weniger als das, was in der Industrie gezahlt wurde. Dafür bot ihnen die Bahn als ein Staat im Staate zahlreiche Einrichtungen und Vergünstigungen im Wohnungs- und Sozialwesen, die dafür zu entschädigen vermochten.

Zudem hat kaum ein anderer Berufsstand so viel Selbst- und Standesbewußtsein entwickelt, wie derjenige der Eisenbahner. Beamtenstatus, Dienstverhältnis und Familiengefühl derer, die «bei der Bahn sind», trugen dazu bei: Die Eisenbahner bildeten eine Kaste, lebten in der Gewißheit, einer ungemein modernen Organisation zu dienen, und pflegten dieses Gefühl so exklusiv, daß es in dünkelhafte Erstarrung zu verfallen drohte. Disziplin, Ordnung und Präzision bestimmten ihr Leben, das durch hundertfache Vorschriften, Formulare und Dienstpläne normiert und eingeteilt war bis zum wohlverdienten Feierabend. Dann zog man den Kittel aus, so umschreibt Alfred Gottwaldt den pedantisch geregelten Alltag von Abertausenden, «wusch sich und war immer noch Eisenbahner im Beamtenwohnhaus der Reichsbahn»[12].

Nationale Gesinnung, scheinbar unpolitische Ordnungsliebe, ein ganz dem rollenden Betrieb verpflichtetes Ethos ließen die Eisenbahner vergleichsweise leicht, oftmals recht entschieden zum nationalsozialistischen Staat finden, zumal ihnen «Mutter Reichsbahn»[13], wie der Titel eines von der Reichsbahn-Filmstelle im Jahre 1938 fertiggestellten Streifens lautete, bei der Überwindung der aus materieller Not, aus Krankheit und aus Alter herrührenden Probleme großzügig zur Seite stand und darüber hinaus zahlreiche Möglichkeiten der Freizeitgestaltung in Form von Sportplätzen und Schwimmbädern bis hin zu Segelflugschulen und Kleinkaliber-Schießständen fürsorglich anbot.

Eine durchweg bescheidenere Remuneration wurde also durch zahlreiche unsichtbare Privilegien kompensiert, die im Tragen der Uniform zum stolzen Vorschein kamen: Ab Juli 1935 wurde die schlichte Jacke der zwanziger Jahre von einer neuen mit Rangabzeichen und Kragenspiegeln abgelöst. Und als ein

11 *Reichsgesetzblatt 1932,* Teil I. Herausgegeben vom Reichsministerium des Inneren, Berlin 1932, 67.

12 Gottwaldt, *Deutsche Reichsbahn* (wie Anm. 8), 6.

13 *Die Reichsbahn 1938,* 881.

Jahr darauf an den Uniformen aller Eisenbahner das «neue Hoheitszeichen» des Reiches angebracht wurde, der Adler mit dem Hakenkreuz, da war ihre insgesamt komplikationslose Anpassung an den «Führerstaat» längst eine Tatsache.

Die Wirtschaft: «Das erste ganz große sozialistische Unternehmen»

Für die wirtschaftliche Entwicklung der Reichsbahn behalten auch im Zeichen der nationalsozialistischen Diktatur die säkularen Tendenzen ihre überzeitliche Gültigkeit, die sich seit dem Ende des Ersten Weltkrieges beobachten lassen: Der Wettbewerb mit Straße und Luftverkehr geht weiter; an die Stelle von niedrigen Löhnen und langer Dienstzeit sind bessere Bezahlung und kürzere Arbeitstage getreten; ein üppige Gewinne abwerfendes Unternehmen ist längst in finanzielle Bedrängnis geraten.

Großverbraucher und Auftraggeber in einem verfolgte die Reichsbahn keine wirtschaftlichen Ziele, sondern nahm gemeinwirtschaftliche Aufgaben wahr. «Die Einnahmen sind gerade in der Höhe zu halten», so ist der diffizile Auftrag einmal offiziös umschrieben worden, «wie der Ausgleich der Rechnung es verlangt; darüber hinaus einen Reingewinn zu erzielen, soll nicht das Ziel ihrer Wirtschaft sein».[14] In der amtlichen Begründung dieses Mandats heißt es schließlich im Jahre 1939, «daß die eigentliche und letzte Zweckbestimmung der Deutschen Reichsbahn in der Versorgung des Verkehrs, nicht im Geldverdienen liegt».[15] Es war also nicht nur ein Mittel der Propaganda des nationalsozialistischen Regimes, sondern beschrieb, alles in allem jedenfalls, vielmehr einen Tatbestand der Wirklichkeit des «Dritten Reiches», wenn Hitler am Jahresende 1935 aus Anlaß ihrer Hundertjahrfeier in Nürnberg die Reichsbahn «als das erste ganz große sozialistische Unternehmen»[16] vorstellte.

Dieses gemeinwirtschaftliche Verständnis ihrer Existenz hatte seine Vorgeschichte: Die Beschäftigung von Kriegsveteranen und eine Auftragsvergabe nach staatlichen Prioritäten demonstrierten beispielsweise schon seit langem diese nicht unproblematische Orientierung, die sich bis an den Rand einer für das Unternehmen unzumutbaren Belastung auswuchs. Und eben diese Tendenz verstärkte sich von nun an noch einmal erheblich.

Aufträge mußten weitgehend nach den Erfordernissen der staatlichen Arbeitsbeschaffung vergeben werden: Von der Polsterung der Holzbänke in den jüngeren Dritte Klasse-Waggons über die serienweise Produktion von sogenannten «Kleinlokomotiven» zu Rangierzwecken handelte es sich dabei alle-

14 Fritz Busch, *Probleme der Finanzwirtschaft der Deutschen Reichsbahn,* in: Die Reichsbahn 1936, 1113.

15 Zitiert nach Fritz Busch, *Wandlungen im Finanzwesen der Deutschen Reichsbahn,* in: Zeitung des Vereins Mitteleuropäischer Eisenbahnverwaltungen 82 (1942), 511.

16 *Die Reichsbahn 1935,* 1276.

samt um Maßnahmen, die eher zur Förderung von Handwerk und Industrie geeignet waren, als daß sie vorrangige Erfordernisse des Auftraggebers erfüllt hätten. Exorbitante Tarifvergünstigungen im Personen- und Güterverkehr, die vor allem den Formationen, Einrichtungen und Forderungen des neuen Regimes entgegenzukommen hatten, verstärkten die krasse Entwicklung ins Unwirtschaftliche. Der mehr und mehr im Zeichen der Kriegsvorbereitung definierte Gemeinnutz gereichte der Bahn in vielerlei Hinsicht zu offenkundigem Nachteil.

Daher wird es plausibel, daß sie selbst in einer Phase der wirtschaftlichen Erholung, die nach den Jahren der Krise zwischen 1929 und 1933 einkehrte, stets am Abgrund des Defizits entlangfahren mußte. Sie hatte schwere Verluste in Kauf zu nehmen, weil die Tarife ihrer Verkehrsleistung in keiner Weise angepaßt zu werden vermochten. Staatliche Aufgaben, anfangs im Sinne der Arbeitsbeschaffung und Konjunkturbelebung, bald darauf schon im Dienste der Rüstungswirtschaft und Kriegsvorbereitung, dominierten. Der Staatsbetrieb hatte zu dienen, Geld zu verdienen blieb ihm verwehrt.

Mochte die Reichsbahn in dieser Zeit auch um jeden einzelnen Reisenden geradezu aufopfernd kämpfen, die sogenannten «Sozialen Tarife» für alles und alle wirkten ruinös: Schon 1934 wurden rund siebzig Prozent aller Güter nicht mehr nach dem Normaltarif, sondern nach Ausnahmetarifen befördert. Und im Personenverkehr zählten die Ermäßigungen gleichermaßen Legion, die herkömmlichen, die sozial schwächeren Passagieren und regelmäßig verkehrenden Kunden gewährt wurden, ebenso wie die neuen, die das Regime für seine beständig zunehmenden Belange umfassend beanspruchte. Kurzum: Beschaffungspolitik, Auftragsvergabe und Fahrplangestaltung, Güter- und Personentarif, Personal-, Besoldungs- und Lohnpolitik hatten sich staatlichen Erfordernissen rigoros unterzuordnen. Die leichtfertige Parole «Geld spielt keine Rolle» obsiegte vollends im Zweiten Weltkrieg, obwohl Reichswirtschaftsminister Funk sie als geradezu «staatsverbrecherisch»[17] zurückwies. Doch ihre tiefliegenden Wurzeln hatte sie, weil schon seit langem vieles der Vorbereitung des Krieges diente, in der sogenannten Friedenszeit geschlagen.

Die Innenpolitik: «Abgang (...) bei der Reichsbahn – Zugang in Kraftwagen»

Der Konkurrenzkampf zwischen Schiene und Straße beschreibt das zentrale Problem der Verkehrspolitik während der dreißiger Jahre des 20. Jahrhunderts. Seine Existenz wurde in maßgeblicher Art und Weise für die innenpolitische Position der Reichsbahn bestimmend, für ihr Verhältnis zum «Dritten Reich»

17 Busch, *Wandlungen im Finanzwesen* (wie Anm. 15), 512.

und für das des nationalsozialistischen Regimes zu dem traditionellen Verkehrsträger. Ungeachtet aller gegenteiligen Versicherungen und zukunftsgewissen Ankündigungen vermochten auch die neuen Machthaber mit dieser zeitenthobenen Herausforderung nicht fertigzuwerden.

Denn ein ums andere Mal entzog sich die beträchtliche Eigenmacht dieses grundlegenden Konflikts den wirtschaftlichen Interessen und weltanschaulichen Überzeugungen aller Beteiligter. Dorpmüllers Reichsbahn versuchte, durch politische Anpassung an das Regime die von Beginn an ungünstige Konstellation des Unternehmens zu verbessern. Das hatte für geraume Zeit unübersehbare Erfolge, ohne daß sich am Anfang des scheinbar unvermeidlichen und gewiß fatalen Unterwerfungskurses der Reichsbahn schon absehen ließ, daß an seinem desaströsen Ende der Zusammenbruch, die Zerstörung und die Spaltung des Reiches und der Reichsbahn stehen sollten.

Bekanntlich bevorzugten die Nationalsozialisten, weil sie in jeder Hinsicht die Bewegung zu ihrem Existenzprinzip erhoben hatten, eine umfassende Motorisierung Deutschlands: «Die Eisenbahn würde [zwar] nicht vernichtet werden. Gewisse Aufgaben würden ihr immer bleiben», so erfuhr der Generaldirektor der Reichsbahn-Gesellschaft in einer am 10. April 1933 geführten Unterhaltung mit dem neuen Reichskanzler aus Hitlers Mund, doch «der Abgang an Verkehrsmitteln bei der Reichsbahn müsse durch entsprechenden Zugang in Kraftwagen ausgeglichen werden».[18]

Die Richtung der Entwicklung war damit markiert. Gleich nach der «Machtergreifung» wurde der Reichsbahn ein ganz schweres Opfer zu bringen zugemutet. Denn ausgerechnet sie wurde mit dem Bau der sogenannten Reichsautobahn beauftragt. Ihrem Generaldirektor schien gar nichts anderes übrigzubleiben, als in das eigentlich Abgelehnte widerstrebend einzuwilligen. Was er bis dahin durchgehend bekämpft hatte, den Straßenverkehr, mußte er nunmehr fördern, weil der Diktator es wollte.

Zügig verwirklichte die Reichsbahn mit der ihr eigenen Sachkenntnis und Routine den ungeliebten Auftrag: Am 27. Juni 1933 wurde das Unternehmen «Reichsautobahnen» gegründet. Die problematische Zusammenarbeit, die manchem im Rückblick wie eine Art «Teufelspakt»[19] zwischen Tradition und Nationalsozialismus vorgekommen ist, wurde von beinahe zynisch klingenden Worten umrahmt: «Die Führung auf dem Gebiet der Reichsautobahnen ist der

18 Zitiert nach Klaus A.F. Schüler, *Logistik im Rußlandfeldzug. Die Rolle der Eisenbahn bei Planung, Vorbereitung und Durchführung des deutschen Angriffs auf die Sowjetunion bis zur Krise von Moskau im Winter 1941 / 42*, Frankfurt am Main 1987, 52.

19 Hans Bock, Julius Dorpmüller, Franz Garrecht, *Julius Dorpmüller – Ein Leben für die Eisenbahn. Biographie – Erinnerungen – Zeittendenzen*, Pürgen 1996, 73.

Deutschen Reichsbahn-Gesellschaft zugedacht, weil der Streit zwischen Schiene und Kraftwagen letzten Endes nur dadurch beizulegen ist, daß der gesamte gewerbliche Güterfernverkehr einheitlicher Leitung unterstellt wird.»[20] Das hochgemute Versprechen auf eine noch ferne Zukunft konnte über die rauhe Wirklichkeit nicht hinwegtäuschen, die der Reichsbahn erst einmal nichts anderes als schweren Verzicht zumutete.

Der neuen Aufgabe hatte sie mit ihrer effizienten Organisation entsagungsvoll zu dienen. Umgehend stellte die Reichsbahn-Gesellschaft 50 Mio. Reichsmark bereit, die dem Unternehmen «Reichsautobahnen» als Grundkapital dienten. Das Personal der «Reichsautobahnen» war Reichsbahnpersonal; jeglicher Verwaltungsaufwand blieb der Neugründung somit erspart. Die gewaltige Arbeitsbeschaffungsmaßnahme nutzte dem Regime, auf das die in vielfache Bedrängnis geratene Bahn nach wie vor ihre freilich stark gedämpften Hoffnungen setzten mußte, die sich jedoch hin und wieder sogar zu erfüllen schienen. Denn aus Anlaß der mit großem Aufwand inszenierten Hundertjahrfeier der Reichsbahn in Nürnberg legte Hitler am 8. Dezember 1935 ein eindeutiges, scheinbar ermutigendes Bekenntnis zum Schienenverkehr ab: «Wir können uns sehr wohl das heutige Leben vorstellen ohne Flugzeug und auch ohne Kraftwagen. Wir können uns das heutige Leben nicht vorstellen ohne Eisenbahn!»[21]

Wenige Monate zuvor, im September 1935, war die Reichsbahn mit ihrem unüberbietbaren Organisationsvermögen und mit großzügiger Tarifgestaltung dem nationalsozialistischen Regime zu Diensten gewesen: Zu dem berüchtigten «Reichsparteitag der Freiheit», der für die weitere Entwicklung der sogenannten Judenpolitik fatale Bedeutung erlangen sollte, beförderte sie mit 532 Sonderzügen rund 850.000 Menschen nach Nürnberg. Ein Jahr darauf hatte sie, um die Olympischen Spiele in Garmisch und Berlin zu unterstützen, wiederum beträchtliche Anstrengungen zu unternehmen und empfindliche Opfer zu bringen. Eindrucksvoll stellte sie ihre Existenz als leistungsfähigstes Massenverkehrsmittel unter Beweis.

Belohnt wurde sie dafür schlecht: Gewiß, zeit- und teilweise gelang es Dorpmüller aus der Kollaboration mit dem «Führerstaat» vergleichsweise bescheidenen, nichtsdestoweniger überlebenswichtigen Vorteil zu ziehen. In diesem Sinne vermochte er, selbst in den an Ressourcen knappen Jahren der Aufrüstung, sogar die Stahlzuteilung für sein Unternehmen leidlich zu gestalten, so daß Rückstände aus der Vergangenheit wettgemacht und der Streckenbau verbessert werden konnten. Doch insgesamt stand die Bahn im zunehmend ruppig ausgetragenen Verteilungskampf um die von vielen Seiten begehrten

20 Zitiert nach ebd., 71.

21 *Die Reichsbahn 1935,* S. 1276.

Materialien und Rohstoffe eher im zweiten Glied. Dabei erfüllte sie ihre traditionelle Aufgabe, nämlich den erforderlichen Zusammenhalt der Nation durch Entfernungen überbrückende Mobilität zu fördern, so reibungslos wie eh und je. Und mit ihrer teils freiwilligen, teils erzwungenen Anpassung an das Regime wurde sie ein Teil des nationalsozialistischen Deutschland und diente, wie andere Großorganisationen auch, mit ihren mannigfachen Leistungen dem «Dritten Reich».

II. Die Außenpolitik und der Zweite Weltkrieg: «Weichensteller der (...) Kriegführung» und des Holocaust

Obwohl das sogenannte «Blitzkriegs»-Konzept die Motorisierung der Wehrmacht bevorzugte, übernahm die Reichsbahn seit der Einführung der allgemeinen Wehrpflicht und dem forcierten Aufbau der Streitkräfte bereits in Friedenszeiten militärische Aufgaben. In den beiden letzten Jahren vor Kriegsbeginn wurden ihre Transportkapazitäten zuweilen schon über das Mögliche hinaus beansprucht. Die wiederholten Warnungen Dorpmüllers, sein Unternehmen werde im Kriegsfall nicht zur Erfüllung seiner Aufgaben, weder für die Wehrmacht noch für die Wirtschaft, imstande sein, verhallten jedoch ohne Ergebnis. Daher verwundert es nicht, daß Oberst Gercke, der als Chef der 5. Abteilung des Generalstabes des Heeres mit den einschlägigen Problemen betraut war, am Vorabend des Zweiten Weltkrieges zu dem lapidaren Befund gelangte, das Reich sei auf dem Gebiet des Verkehrs «nicht kriegsbereit»[22].

Dabei hatte die Reichsbahn auf außen- und militärpolitischem Gebiet während der zurückliegenden Jahre die aufrüstende und expandierende Diktatur in einer kaum zu übertreffenden Art und Weise unterstützt, insbesondere bei der alles in allem jeweils gelungenen Eingliederung des saarländischen und des österreichischen, des sudetendeutschen, des memelländischen und des tschechischen Eisenbahnwesens, aber auch beim Bau des «Westwalls», dessen Transportaufgaben die Reichsbahn im Winter 1938/39 eine regelrechte Verkehrskrise erleben ließ.

Ihre logistischen Leistungen im Krieg gegen Polen fanden sodann die bewundernde Anerkennung des Oberbefehlshabers des Heeres, von Brauchitsch. Das polnische Eisenbahnwesen im «Generalgouvernement» wurde mit der Gründung der «Ostbahn» den Bedürfnissen des Reiches verfügbar gemacht. Doch die Anforderungen, die an die Reichsbahn gestellt wurden, lie-

22 *Der Prozeß gegen die Hauptkriegsverbrecher vor dem Internationalen Militärgerichtshof Nürnberg 14. November 1945–1. Oktober 1946,* Nürnberg 1949, Band 33, 157.

ßen nach dem Ende des polnischen Feldzuges keineswegs nach. Die Aufgaben der Umsiedlungspolitik Volksdeutscher aus dem Baltikum, aus Rußland und aus Südosteuropa, die den deutsch-sowjetischen Verträgen vom August und September 1939 gemäß durchgeführt wurden, stellten die Reichsbahn, die zudem unter den extrem ungünstigen Witterungsbedingungen des Winters 1939/40 zu operieren hatte, vor gewaltige Aufgaben, die den Verkehr teilweise zum Erliegen brachten.

Nichtsdestoweniger verliefen ihre Transporte in den Feldzügen, die Hitler gegen den Norden und den Westen Europas führte, mit gewohnter Zuverlässigkeit. Und im Zusammenwirken mit den einheimischen Eisenbahnverwaltungen gelang es den Männern des Flügelrades, die Schienenunternehmen der eroberten Staaten binnen kurzem, in ganz unterschiedlichen Organisationsformen, an die Erfordernisse des Reiches anzupassen. Kulmination und Krise ihrer Existenz erlebte die Reichsbahn dagegen, überblickt man den zunehmend als «Eisenbahnkrieg» geführten Waffengang der Jahre zwischen 1939 und 1945 insgesamt, im «Unternehmen Barbarossa» gegen die Sowjetunion. Im rassischen Vernichtungskrieg wurde sie tief in das dunkelste Kapitel der deutschen Geschichte verstrickt.

Anfangs gestaltete sich alles so, wie die Wehrmacht das von ihrem Transporteur gewöhnt war. Der «Höchstleistungsfahrplan» wurde auf ausdrücklichen Wunsch Hitlers erst möglichst spät, vom 4. Mai 1941 an, eingeführt, und zur vollsten Zufriedenheit der Führung vollendete die Reichsbahn einen Aufmarsch, der, wie Hitler es in seiner Proklamation an das deutsche Volk am 22. Juni 1941 verkündete, «in Ausdehnung und Umfang der größte ist, den die Welt bisher gesehen hat».[23] Die Erfolge der pausenlos fahrenden Bahn gingen mit denjenigen der siegreich voranstürmenden Wehrmacht einher. «Die Bahnleistungen übertreffen alles, was wir glaubten erwarten zu dürfen», stellte der Generalquartiermeister des Heeres, Wagner, unter dem Datum des 8. Juli 1941 mit stolzer Genugtuung fest und fuhr fort: «Die nächsten Operationsziele sind nachschubtechnisch gewährleistet.»[24]

«Mehrleistung»[25], wie die nüchterne Formel für verlängerte Arbeitszeiten und gesperrten Urlaub, für Erschwernisse unter den Bedingungen der Verdunkelung, der Personalverschlechterung und bald auch der Bombardierungen lautete, waren an der Tagesordnung. Sie wurden erstaunlich lange, im Grunde

23 Domarus, *Hitler, Reden und Proklamationen,* Band II, Zweiter Halbband 1941–1945, 1731.

24 Generaloberst Halder, *Kriegstagebuch.* Band 3. Bearbeitet von Hans-Adolf Jacobsen, Stuttgart 1964, 54.

25 *Uns gehören die Schienenwege.* Eine Festschrift des Ministeriums für Verkehrswesen der Deutschen Demokratischen Republik zum 125jährigen Jubiläum der Eisenbahn in Deutschland, Berlin o.J., 218.

bis zum bitteren Ende, ohne weitere Auflehnung, oft sogar ohne jedes Murren in Kauf genommen. Je tiefer das deutsche Heer nach Rußland vordrang, desto größer wurden die Transportaufgaben der Eisenbahn. Ohne Unterbrechung war sie im fahrenden Einsatz und trug gleichzeitig, im Zusammenwirken mit der Organisation Todt und dem Reichsarbeitsdienst, dafür Sorge, daß das eroberte Bahnnetz von der russischen Breitspur auf die europäische Normalspur umgenagelt wurde.

Daß diese außergewöhnlichen Belastungen der Reichsbahn zu empfindlichen Beeinträchtigungen des Verkehrs im «Altreich» selber führen mußten, liegt auf der Hand. Denn über die militärischen Transporte für Soldaten, Verwundete und Urlauber hinaus versetzte der Krieg durch mannigfache Zwangs- und Dienstverpflichtungen ein ganzes Volk in einem vorher nicht bekannten Maße in permanente Bewegung. Die Aufgaben der Eisenbahn vervielfachten sich. In erklärtem Gegensatz zur Friedenszeit tat sie jetzt alles, vom Appell bis zur Maßnahme, von Beförderungseinschränkungen bis zu Transportsperren, von Tariferhöhungen bis zu «Reisegenehmigungsverfahren», um Personen und Güter möglichst nicht mehr befördern zu müssen.

An der Wende des Jahres 1941 auf 1942 ging mit der militärischen Krise des Rußlandfeldzuges auch die große Eisenbahn- und Transportkrise einher. Unter den dramatischen Klimaverhältnissen sanken die Betriebsleistungen auf einen Tiefststand; der Eisenbahnverkehr drohte in Erstarrung zu verfallen; das einst perfekte System glich dem schlichten Chaos; Kritik am angeblichen Schlendrian der Eisenbahner wurde laut und führte sogar zu harschen Repressionen gegen zwei ihrer höheren Beamten.

Wollte man der Misere Herr werden, die zu beheben als kriegsentscheidend angesehen wurde, dann mußten nach dem Eindruck der deutschen Führung über technische und organisatorische Erneuerungen hinaus, die vor allem Vereinfachungen, sogenannte Entfeinerungen, Typisierung und Normalisierung im Lokomotivbau und in der Wagenherstellung betrafen, auch personelle Konsequenzen gezogen werden. Dem in die Jahre gekommenen Verkehrsminister Dorpmüller, der erst 1941 der NSDAP beigetreten war, wurde ein junger dynamischer Fachmann und Parteigenosse an die Seite gestellt, der mit dem Verkehrschaos fertig werden sollte.

Zwei Tage, nachdem Dorpmüller am 21. Mai 1942 Rüstungsminister Speer gegenüber eingestanden hatte, er könne aus Mangel an Lokomotiven und Waggons «die Verantwortung für die Aufrechterhaltung der dringlichsten Transporte»[26] nicht mehr länger übernehmen, traf Hitler auf Vorschlag von

26 Albert Speer, *Erinnerungen,* Berlin, 237.

Speer die längst fällige Entscheidung. Der 66 Jahre alte Staatssekretär im Verkehrsministerium, Wilhelm Kleinmann, wurde ersetzt durch den erst 37 Jahre alten Albert Ganzenmüller, wegen seiner Teilnahme am Hitler-Putsch von 1923 Träger des «Blutordens» und Mitglied der NSDAP seit 1931, dem es zuvor als Vizepräsident der Haupteisenbahndirektion Poltawa gelungen war, den Bahnbetrieb in seinem Verantwortungsbereich flüssig zu halten. «Seine Härte und seine Erfolge», so urteilt Alfred Gottwaldt, der die Geschichte der Reichsbahn im Zweiten Weltkrieg durchweg mit kritischer Distanz betrachtet, «machten Ganzenmüller im Mai 1942 zum Mann der Stunde».[27]

Im Zusammenhang mit der schweren Transportkrise wurde die Reichsbahn zudem auf dem Gebiet des Lokomotivbaus entmachtet. Speer versprach, die von Hitler geforderten 15 000 Lokomotiven in den nächsten beiden Jahren zu bauen, wenn die Reichsbahn ihre Zuständigkeit für das Konstruktionswesen abtrete. Dementsprechend wurde am 7. März 1942 der «Hauptausschuß Schienenfahrzeuge» unter Vorsitz des früheren DEMAG-Direktors Gerhard Degenkolb gegründet. Speer erfüllte das neue Lokomotivprogramm über Erwarten prompt: Monatlich wurden 500 Maschinen geliefert.

Schwieriger gestaltete sich dagegen die fast nicht lösbare Aufgabe, dem empfindlichen Personalmangel abzuhelfen. In immer stattlicherer Zahl rückten im Verlauf des Krieges Ausländer, Kriegsgefangene und Frauen in offene Stellen, teilweise sogar in qualifizierte Positionen ein; die Anforderungen der Tauglichkeits-, Befähigungs- und Laufbahnvorschriften wurden beständig erleichtert.

«Räder müssen rollen für den Sieg», lautete vom Jahre 1942 an die für die Reichsbahn ausgegebene Durchhalteparole, die schon bald, als die alliierten Bombardierungen auch der Reichsbahn immer stärker zu schaffen machten, durch die trotzige Losung «Wir fahren dennoch» ergänzt wurde. In diesem Zusammenhang bestimmte nichts anderes als propagandistischer Effekt Ende 1943 einen «Führerbefehl», der den 7. Dezember zum «Tag des Deutschen Eisenbahners» erklärte. Ordnungsliebe, die mit Improvisationsvermögen einherging, und Einsatzbereitschaft, die bis zur Selbstverleugnung reichte, sorgten dafür, daß der Eisenbahnverkehr, der nun auch den zusätzlich anfallenden Aufgaben der Evakuierungs- und Flüchlingstransporte verstärkt zu genügen hatte, bis zum Ende des Jahres 1944 aufrechterhalten wurde und erst danach, vom Januar 1945 an, sukzessive zum Erliegen kam.

Dieselben Tugenden der Reichsbahner, die ihr Unternehmen im Krieg zu einmaligen Leistungen befähigten, dienten aber gleichzeitig der serienmäßi-

27 Alfred Gottwaldt, *«Fahren für Deutschlands Sieg!» Julius Dorpmüller und die Deutsche Reichsbahn. Eine biographische Skizze, in: «Ich diente nur der Technik». Sieben Karrieren zwischen 1940 und 1950,* Berlin 1995, 174.

gen Durchführung eines singulären Verbrechens, dem Genozid an den europäischen Juden. Während der Generaldirektor der Reichsbahn noch bis in den Krieg hinein damit beschäftigt war, in den ihrer Tendenz nach diskriminierenden, im einzelnen aber trotz allem um Verfahrenssicherheit bemühten Erlassen und Verordnungen die Benutzung der Bahn und ihrer Anlagen sowie Gebäude durch Juden zu regeln, war die Reichsbahn schon längst, vom Jahre 1940 an, als Transportträger mit verbrecherischen Deportationen betraut. Mehr und mehr wurde sie, vom Sommer 1941 an tatsächlich, wie Reichsminister Goebbels in seiner an die Eisenbahner gerichteten Propagandarede am 7. Dezember 1943 feststellte, zum «Weichensteller der modernen Kriegführung»[28] und, was nicht vergessen werden darf, des Völkermordes.

In der Regel wurden Judentransporte als Güterzüge abgefertigt, in der Planung aber als Personensonderzüge behandelt. Im Laufe der Zeit, so ist der verschlungene Dienstweg der sogenannten Judentransporte rekonstruiert worden, gelang es, die Todesfahrten in den Gesamtverkehr zu integrieren. So maßgeblich die Reichsbahn auch zur sogenannten «Endlösung der Judenfrage» damit beigetragen hat, so ist doch im Vergleich mit ihren gewaltigen Transportverpflichtungen insgesamt festzustellen, daß die zahlenmäßige Dimension für ihr Volumen, wie die Einschätzung von Helmut Schwarz lautet, «eher unbedeutend» war: «Zehn oder zwanzig Deportationszüge bildeten in den Augen der Bahnbürokratie angesichts eines Gesamtaufkommens von 20.000 Zügen pro Tag (1942) ein Randproblem.»[29]

Im Prinzip beförderte die Reichsbahn gegen Bezahlung jede Personengruppe, mochte sie nun freiwillig oder gezwungen reisen. In diesem Sinne wurden auch die sogenannten Judentransporte verrechnet. Auftraggeber waren das Reichssicherheitshauptamt, die SS und gelegentlich auch die regionale Staatspolizei, die offiziell die Transportkosten trugen. Letztlich wurden die Zahlungen aber von den Opfern selber geleistet. Grundlage der Berechnung war, horribile dictu, der gültige Personenbeförderungstarif der Dritten Klasse, der 1942 vier Pfennige pro Person und Schienenkilometer betrug.

Die Transportbedingungen für die Opfer, die in Güter- und Viehwaggons gepfercht wurden, waren bestialisch. Die Konflikte, die es zwischen der Wehrmacht und der SS um die begehrten Zugkapazitäten gegeben hat, waren offensichtlich weniger dramatisch, als man anzunehmen geneigt ist. Da Truppentransporte im Krieg absoluten Vorrang genossen, hatte die Wehrmacht, was sie in aller Regel tat, im Kollisionsfall ihr Einverständnis mit den Transpor-

28 *Die Reichsbahn 1943*, 303.

29 Helmut Schwarz, *Das Räderwerk des Todes. Die Reichsbahn und die «Endlösung» der Judenfrage*, in: *Zug der Zeit – Zeit der Züge. Deutsche Eisenbahn 1835–1985*, Band 2, Berlin 1985, 685.

ten der SS zu erklären. Die Zusammenarbeit zwischen der Reichsbahnspitze, durch Staatssekretär Ganzenmüller vertreten, und dem Reichsführer SS, in der Person von Obergruppenführer Wolff, dem Chef des persönlichen Stabes von Heinrich Himmler, bewährte sich beispielsweise, als im Juni 1942 der Deportationsverkehr im Zusammenhang mit umfassenden Truppenbewegungen für zwei Wochen zum Erliegen kam, auf komplikationslos verbrecherische Art und Weise. Ganzenmüller stellte auch in dieser Hinsicht unter schrecklichen Beweis, «daß der deutsche Eisenbahner imstande ist, das Unmögliche möglich zu machen»[30], und Wolff dankte ihm mit den häufig zitierten Sätzen: «Mit besonderer Freude habe ich von Ihrer Mitteilung Kenntnis genommen, daß nun schon seit 14 Tagen täglich ein Zug mit je 5.000 Angehörigen des auserwählten Volkes nach Treblinka fährt und wir doch auf diese Weise in die Lage versetzt sind, diese Bevölkerungsbewegung in einem beschleunigten Tempo durchzuführen.»[31] Insgesamt wurde mehr als die Hälfte aller ermordeten Juden mit der Eisenbahn in die Todeslager im Osten transportiert.

Wie konnte es geschehen, so fragt sich der Späterlebende ebenso ratlos wie bestürzt, daß normale Beamte auf allen Stufen der Hierarchie so ungewöhnliche Arbeiten verrichteten, daß sie sich unter der Maske von Wohlanständigkeit an einem präzedenzlosen Großverbrechen beteiligten? Die Antwort ist schwierig; aber so viel kann gesagt werden: Die Ordnung des bürokratischen Verfahrens stiftete scheinbares Recht; die Pflicht des Beamten diente als willkommene Letztbegründung; unterscheidungslos wurde die Behandlung von Sachen auf diejenige von Menschen ausgedehnt, die zudem, einem verbrecherischen Wandel der moralischen Werte gemäß, als sogenannte Untermenschen schon längst für vogelfrei erklärt worden waren.

Daß Hitlers Utopie vom neuen Millenium, was die Geschichte der Reichsbahn angeht, noch weitere Emanationen des Größenwahns trieb, vermag nur angedeutet zu werden. Sein hybrider Plan, eine europäische Breitspurbahn zu bauen, deren Wagen jeweils das Ausmaß eines Wohnhauses haben sollten und die Personen sowie Güter auf gigantischen Trassen aus dem Reich bis in die Weiten des russischen Kolonialraumes befördern sollte, gehört in diesen verwerflichen Kontext aus endzeitlichem Wahn und fehlgeleitetem Willen.

Disziplin und Verläßlichkeit, Hingabe und Opfermut ihrer Belegschaft befähigten die Deutsche Reichsbahn zu außerordentlichen Leistungen. Diese Tugenden dienten allerdings einem Regime, dessen kriminelle Ziele lange Zeit nicht erkannt wurden oder nicht erkannt werden wollten. Als sie schließ-

30 Zitiert nach Raul Hilberg, *Sonderzüge nach Auschwitz*, Frankfurt am Main/Berlin 1987, 159.

31 Zitiert nach Raul Hilberg, *Die Vernichtung der europäischen Juden*, Berlin 1982, 344 f.

lich doch zutage traten, riefen sie, was im Vergleich mit anderen Großorganisationen wie der Wehrmacht bemerkenswert erscheint, keinen entschiedenen Widerstand hervor. Zu gehorchen, zu schweigen und zu dienen war und blieb bei der Reichsbahn oberstes Gebot. Es verpflichtete dazu, auch größte Schwierigkeiten tatkräftig zu überwinden, und hielt gleichzeitig davon ab, sich dem noch viel Schwierigeren mutig, unter Umständen todesmutig zu stellen. Diese zwiespältige Tendenz, welche die Geschichte der Deutschen Reichsbahn in den Jahren der nationalsozialistischen Diktatur durchgehend begleitete, hat der amerikanische Historiker Alfred C. Mierzejewski einmal so umschrieben: «Bis zum Ende war die Reichsbahn erfinderisch, flexibel und hartnäckig beim Versuch, ihre wirtschaftlichen Aufgaben wahrzunehmen. Sie repräsentierte die beste Form des traditionellen deutschen Beamtentums insofern, als sie sich loyal und wirkungsvoll ohne Vorbehalte anstrengte, dem Staat zu dienen. Sie verkörperte auch das Schlimmste an diesem alten Ideal, den bedingungslosen Gehorsam gegenüber einer Obrigkeit, egal welche Ziele diese auch haben mochte.»[32]

32 Alfred C. Mierzejewski, *Bomben auf die Reichsbahn. Der Zusammenbruch der deutschen Kriegswirtschaft 1944–1945,* Freiburg i. Brsg. 1993, 205.

GERALD D. FELDMAN

Hugo Stinnes und der Nationalsozialismus

Cläre Wagenknecht-Stinnes, Witwe von Hugo Stinnes, erhielt im August 1925, als sie in der schweren Wirtschaftskrise jenes Sommers verzweifelt gegen den Zusammenbruch des Unternehmens ihres verstorbenen Mannes ankämpfte, einen langen, schwülstigen Brief von Alfred Rosenberg persönlich, dem damaligen Herausgeber des *Weltkampf* und Hauptschriftleiter des *Völkischen Beobachter*. Einen solchen Brief hätte zwanzig Jahre später so mancher Unternehmer, der während der Denazifizierungsprozesse verhört wurde, hoch geschätzt. Denn hier hieß es: «Die völkische Bewegung hat sich zu Herrn Stinnes in starkem Gegensatz befunden; einerseits freute sie sich zwar, daß sich wenigstens ein Riesenunternehmen noch in deutschen Händen befand, ähnlich wie die Werke Krupps, und doch mußten wir uns sagen, daß in der Blindheit gegenüber den treibenden politischen Kräften sich diese Industrien einem großen und tödlichen Feind waffenlos gegenüber sahen. Es sind deshalb alle Maßnahmen unterblieben, welche zu einem Gegenstoß gegen die Enteignungspolitik der Hochfinanz hätten eingesetzt werden können. So verfolgte diese ungehindert ihre Politik, und mit Hilfe der gleichfalls jüdisch geführten Sozialdemokratie ist die wirtschaftspolitische Entmündigung Deutschlands nahezu zur Vollendung geführt».[1]

Rosenberg war ängstlich darauf bedacht, Frau Stinnes davon zu überzeugen, daß die deutsche jüdische Hochfinanz ihren Mann die ganzen Jahre über durch Walther Rathenau persönlich, durch die *Frankfurter Zeitung* und das *Berliner Tageblatt* sowie über die Wall Street und London City Bankiers bekämpft hätte. Jetzt täten sich die Juden an den Überbleibseln des großen vertikalen Kartells von Hugo Stinnes gütlich, während sie gleichzeitig in «verklausuliertem Börsenjargon» für die «horizontalen Monopolgedanken» warben. Frau Stinnes war über die Aktivitäten ihres Mannes sehr gut informiert, und ihre Fragezeichen sowie der Kommentar am Rande des Briefes: «sind doch falsch informiert», deuten auf eine natürliche Skepsis und Distanz gegenüber Rosenbergs paranoider Interpretation der politischen und geschäftlichen Konflikte ihres Mannes hin.

In der Tat scheint «Stinnes und der Nationalsozialismus» kein Forschungsgegenstand zu sein. Es ist durchaus möglich, daß Stinnes über seine Verbin-

1 Alfred Rosenberg an Frau Stinnes, 24. August 1925, *Archiv für Christlich-Demokratische Politik der Konrad-Adenauer-Stiftung* (ACDP), I-220, 024/1.

dung mit Ludendorff, im Frühjahr 1923, tatsächlich mit Hitler zusammentraf. In ihren nicht veröffentlichten persönlichen Erinnerungen, spricht seine älteste Tochter Clärenore Söderström von einem solchen Zusammentreffen, das ihn anschließend zu der Bemerkung veranlaßt habe, «mit diesem Phantasten will ich nichts zu tun haben».[2] Eine andere Version bot Stinnes' zweitgeborener und Lieblingssohn Hugo jr. in einem Brief an Robert Platow aus dem Jahre 1967: «Wer hat 1923 ein Zusammentreffen mit Adolf Hitler strikt abgelehnt, weil er den Phantasten Adolf Hitler nicht einmal kennenlernen wollte? Glauben Sie, daß dieser Phantast irgendeine Chance in Deutschland oder bei der deutschen Industrie zu Lebzeiten meines Vaters gehabt hätte angesichts dessen überragenden Einflusses?»[3] Welche Version auch immer den Fakten entspricht, die Bezeichnung «Phantast» hat sich sowohl bei Clärenore Söderström als auch bei Hugo Stinnes jr. eingeprägt und spiegelte zweifellos die Meinung ihres Vaters über Hitler genau wider.

An dieser Stelle ist auch zu beachten, daß Stinnes' beide ältere Söhne, ungeachtet ihrer Unzulänglichkeiten als Unternehmer und persönlicher Eigenheiten, den Nationalsozialismus ebenfalls ablehnten und von dieser Haltung nicht abwichen, auch als die Nationalsozialisten bereits an der Macht waren. Edmund, der älteste Sohn, ging ins Ausland, wo er an einem College in Pennsylvania Professor wurde. Sein Verhältnis zu seiner Familie in Deutschland war denkbar schlecht. Seinen Bruder Hugo Stinnes jr., der im Krieg in Deutschland geblieben war und die Überreste des Familienunternehmens, das Kohle- und Speditionsgeschäft, fortgeführt hatte, bezeichnete Edmund zu Unrecht als Nationalsozialisten.[4] Hugo Stinnes jr. war sicherlich kein Demokrat; er war auch nicht frei von antisemitischen Tendenzen. Sowohl vor 1933 als auch 1945 unterstützte er Franz von Papen tatkräftig, war aktiv im rechten Flügel der FDP, die damals einen gänzlich anderen Charakter als heute hatte, und setzte sich für die Rehabilitierung so zweifelhafter Personen wie Werner Best ein.[5]

Trotzdem hegte Hugo Stinnes jr. eine grundsätzliche Abneigung gegenüber den Nationalsozialisten. Offenbar hatten ihn seine Mutter und der jün-

2 *Unveröffentlichte Erinnerungen von Clärenore Söderström Stinnes*, 108, 310.

3 Hugo Stinnes jr. an Robert Platow, 8. Nov. 1967, *ACDP*, I-220, AO474.

4 Edmund teilte Siegmund Warburg offensichtlich u. a. mit, daß Hugo Stinnes jr. ein «überzeugter Nazi» gewesen sei. Siehe Ron Chernow, *The Warburgs. The 20th-Century Odyssey of a Remarkable Jewish Family*, New York 1993, 409.

5 Siehe Ulrich Herbert, *Best. Biographische Studien über Radikalismus, Weltanschauung und Vernunft 1903–1989*, Bonn 1996, 453, 464, 470, 475, 477, 490. Siehe auch Klaus Dietmar Henke, *Die amerikanische Besetzung Deutschlands*. 2. Auflage, München 1996, 489–490, 493–494.

gere Bruder Otto gedrängt, in die Partei einzutreten, wogegen er sich jedoch weigerte, später aber seiner Mutter – im Zuge der endlosen Familienstreitigkeiten nach dem Kriege – dafür Vorwürfe machte. So zum Beispiel schrieb er einmal: «Otto und Du haben mich während der Nazi-Zeit immer wieder gewarnt und warnen lassen, ich würde noch die Firma schädigen mit meiner unerbittlichen, klaren Haltung gegenüber den Nazis. Bitte sieh' Dir die Firma Krupp in Essen und Blohm-Voss, Hamburg, an, um Dir zu vergegenwärtigen, was aus uns geworden wäre, wenn ich anders gehandelt hätte.»[6] Sogar noch interessanter und von größerer Tragweite war das Verhältnis zwischen Hugo Stinnes jr. und Schacht, dessen Rolle als Reichsbankpräsident im Zusammenhang mit der Auflösung des Stinnes-Imperiums in den Jahren 1925–1926 Stinnes ganz besonders zuwider war. Ein Interview, das Schacht 1967 im *Spiegel* gab, bot Hugo Stinnes jr. nicht nur die Möglichkeit, Schachts Darstellung der Ereignisse im Jahre 1925 zu korrigieren, sondern auch an die jüngere Vergangenheit und ihre Treffen in der NS Zeit zu erinnern: «Ich war damals – ohne mein Zutun und Vorwissen – eingeladen worden zu einem Kreis unter Vorsitz von Adolf Hitler, bei der Gelegenheit Sie an alle anwesenden Herren herantraten, Adolf Hitler Gelder zur Verfügung zu stellen. Ich konnte mich dem leider nicht ganz entziehen, aber es ist bei dieser einzigen Ausnahme geblieben. Wir haben uns dann während der Hitler-Zeit noch gelegentlich gesehen und wieder besser verstanden, je mehr Sie von Adolf Hitler abrückten.»[7]

All dies bedeutet jedoch nicht, daß das problematische Verhältnis von Hugo Stinnes sen. und seiner Familie zum Nationalsozialismus nicht einer näheren Betrachtung wert wäre. Schließlich stellte Hugo Stinnes jr. selbst die hypothetische Frage, was denn wohl geschehen wäre, wenn Hugo Stinnes sen. nicht im April 1924 aufgrund einer ärztlichen Fehlbehandlung gestorben wäre, vielmehr die folgenden Jahrzehnte noch erlebt hätte. In diesem Jahrhundert hat es sicherlich keinen Wirtschaftsführer gegeben, der einen vergleichbaren Einfluß auf die Wirtschaft selbst und in den höchsten politischen Ebenen ausübte. 1921 bezeichnete ihn der britische Botschafter Lord D'Abernon als die «wichtigste Privatperson in Deutschland», womit er durchaus recht hatte. Hätte er gegen den Nationalsozialismus kämpfen können und hätte er dies getan? Oder hätte er sich mit den Nationalsozialisten verbündet oder dies zumindest versucht? Wie ich nachfolgend zu zeigen versuche, ist diese Frage nicht eindeutig zu beantworten, doch gerade dies macht sie interessant und verdeutlicht die problematische Beziehung zwischen der Industrie und dem Nationalsozialismus.

6 Hugo Stinnes jr. an Cläre Stinnes, 7. Mai 1950, *ACDP*, I-220, 73.

7 Stinnes an Schacht, 4. April 1967, *ACDP*, I-220, 318.

Der Antisemitismus war natürlich ein zentraler Aspekt des Nationalsozialismus. Die Frage, wie Stinnes dem Antisemitismus gegenüberstand, ist durchaus von gewisser Bedeutung, da sie im Anschluß an die Konferenz über Kohlenreparationszahlungen in Spa im Juli 1920 Gegenstand öffentlicher Diskussion wurde. Stinnes hat sich eher bereit bezeigt, die Besetzung des Ruhrgebietes zu riskieren, als den Forderungen der Alliierten nachzugeben. Mißmutig hielt er eine Rede an sie, die ihm bei rechtsgerichteten Kreisen, vor allem in Bayern, zu großer Popularität verhalf, während sie Lloyd George zu der Bemerkung veranlaßte, er sei endlich einem echten «Hunnen» begegnet – womit der britische Premier freilich die deutsche Regierung in eine recht prekäre Lage brachte.

Die meisten Sachverständigen, einschließlich Walther Rathenau, Carl Melchior von der Bank Warburg, der Bankier Bernhard Dernburg sowie der Nationalökonom Moritz Bonn, sprachen sich für eine Vereinbarung mit den Alliierten aus. Ihre Entscheidung löste bei Stinnes einen Wutanfall aus. Er drohte, die Angelegenheit zu einem politischen und gesellschaftlichen Skandal zu machen und sogar antisemitische Konflikte zu schüren.[8] Einer der Konferenzteilnehmer sprach von «Rassenabstimmung», womit eindeutig die vier jüdischen Sachverständigen – Bonn, Rathenau, Dernburg, und Melchior – gemeint waren, die dafür gestimmt hatten. Melchior scheint geglaubt zu haben, Stinnes selbst habe diese Bezeichnung benutzt, was dieser jedoch später in einem Schreiben an Melchior verneinte. Er wies außerdem darauf hin, daß dieser Vorfall ein Beispiel dafür sei, daß er, Stinnes, mit seiner Meinung hinsichtlich des Abstimmungsgremiums keineswegs alleine dastehe.[9] Stinnes war es allerdings gewohnt, eigenmächtig zu handeln und ihm war durchaus bewußt, daß der Antisemitismus in Deutschland zum damaligen Zeitpunkt zunahm. Offensichtlich war er der zunehmenden Tendenz erlegen, jüdischer Identität und jüdischen Stereotypen eine besondere Bedeutung zuzumessen, wenn er Kritik an den Kontrahenten übte, die andere Meinungen vertraten. So wies er in einem privaten Treffen mit Stresemann darauf hin, daß «die (...) jüdischen Sachverständigen Guggenheimer, Dernburg und Rathenau in ihrem internationalen Pazifismus verheerend gewirkt [haben]».[10]

8 Siehe Rathenaus Tagebucheintragung vom 23. Juli 1920 in der der 16. Juni als Datum der Konferenz falsch angegeben wird. An diesem Datum erfolgte lediglich die Unterzeichnung des Protokolls der Konferenz von Spa. Siehe Hartmut Pogge von Strandmann (Hrsg.), *Walther Rathenau. Industrialist, Banker, Intellectual, and Politician. Notes and Diaries 1907–1922,* Oxford 1985, 247–248. Zu den Bemerkungen von Dernburg und Rathenau, siehe Stinnes an Melchior, 14. Februar 1921, *Politisches Archiv des Auswärtigen Amtes,* Microfilm, Reel 1731, Frames 736, 767–768.

9 Ebd. und Max Warburg, *Erinnerungen 1920.* 14, Nachlaß Warburg.

10 Anmerkungen zu einer Zusammenkunft von Stinnes, Osius, Freundt und Rauch, *NL Stresemann,* Reel 3171, Bd. 141, Frames H165727–728.

Es wäre schon schlimm genug gewesen, wenn Stinnes' Anspielungen auf die jüdischen Sachverständigen ausschließlich im Rahmen dieses privaten Treffens verblieben wären. Sie wurden jedoch nach ihrem Erscheinen in der Presse in etwas viel Gefährlicheres und Finsteres verwandelt. Als Antwort auf den Vorwurf, Stinnes würde eine Besetzung des Ruhrgebietes auf Kosten der Arbeiter riskieren, soll er erwidert haben, solche Vorwürfe schafften Uneinigkeit und «werden dann einen Schaden stiften wie eine Anzahl Vertreter in Spa, die aus einer fremdländischen Psyche heraus den deutschen Widerstand gegen unwürdige Zumutungen gebrochen haben».[11]

So hatte Stinnes seine Drohung, antisemitische Ressentiments zu schüren, wahr gemacht. Auf die Proteste seitens Warburg und Melchior hin verneinte Stinnes jedoch, antisemitische Ressentiments zu hegen, und behauptete, falsch zitiert worden zu sein. Er habe niemals von einer «fremdländischen» als vielmehr einer «fremdvölkischen Psyche» gesprochen.[12] Freilich stellte diese Differenzierung keine wirkliche Abgrenzung der Begriffe dar, verdeutlichte aber die Abstrusität, mit der die «jüdische Frage» von ansonsten vernünftig handelnden Menschen in der Weimarer Republik behandelt wurde. Stinnes hatte in der Tat mit jüdischen Kollegen (u. a. Dernburg und Warburg) eng zusammengearbeitet. Aus den Dokumenten geht hervor, daß er trotz seiner Auseinandersetzungen mit Rathenau dessen Person und Intellekt bewunderte. Auch pflegte die Familie Stinnes Kontakte mit dem Publizisten Maximilian Harden. Die wohl aufschlußreichste Aussage stammt von Max Warburg: «Ich hatte Hugo Stinnes für vollkommen vorurteilsfrei gehalten und seine Haltung war eine Überraschung für mich. Es gibt eben wenige Leute in einflußreicher politischer Stellung, die das billige and wirksame Mittel des Antisemitismus nicht benutzen.»[13]

Die Ermordung Rathenaus und der Überfall auf Harden im Frühjahr 1922 lösten bei Stinnes jedoch sowohl echte Bestürzung als auch Widerwillen gegen diese antisemitischen Tendenzen aus. Er schrieb an Warburg «unter dem Eindruck der Schandtaten gegen Rathenau und Harden, [um] meine Bereitwilligkeit auszudrücken, was an mir liegt, alles zu tun, was zur Bildung einer Einheitsfront der staatserhaltenden Elemente dient.»[14] Er schrieb auch einen höchst aufschlußreichen Brief an Geheimrat Bücher, den Geschäftsführer des

11 Zitiert in Peter Wulf, *Hugo Stinnes. Wirtschaft und Politik 1918–1924,* Stuttgart 1979, 215.

12 Stinnes an Melchior, 14. Februar 1921, Politisches Archiv des Auswärtigen Amtes, Mikrofilm, Roll 1731, Frames 736767–768 als Antwort an Stinnes, 11. Februar 1921, ebd., Frames 736763–766. S. ebenfalls *ACDP,* I-220, 025/2 und 026/1 (Abschriften dieser Briefe).

13 Auszug aus Warburgs persönlichem Jahresbericht 1920, Nachlaß Warburg.

14 Stinnes an Warburg, 3. Juli 1922, *ACDP,* I-220, 039/2.

Reichsverbandes der deutschen Industrie: «Jetzt haben diese Leute Hilfestellung nötig, und jeder anständig denkende Mensch muß sie geben. Wer garantiert, daß diese Vorkommnisse nicht das Signal für Schlächtereien in Rußland, Polen und selbst in Deutschland werden!» Sicherlich gab es auch Juden, wie den Unterstaatssekretär im Reichswirtschaftsministerium, Julius Hirsch, den Stinnes aufgrund der ihm nachgesagten Arroganz sowie seiner Wirtschaftspolitik stark ablehnte. Doch, wie er meinte, die «Anmaßung von Leuten wie Hirsch kann man bekämpfen und zu beseitigen suchen, aber gegen die jetzt beliebten Äußerungen eines blöden Antisemitismus kann man garnicht zu scharf angehen».[15] Die Aufgabe der Industrie bestünde deshalb darin, sich von dem populären und mörderischen Antisemitismus, der neuerdings in Erscheinung trat, zu distanzieren. In diesem Sinne schrieb er ferner: «Es wird sich zweifellos ungezwungen die Gelegenheit bieten, in aller Öffentlichkeit den Trennungsstrich zwischen einer Art Antisemitismus zu ziehen, der in Wirklichkeit nichts weiter bedeutet, als Neid und Mißgunst einer Rasse und Mitbürgern gegenüber, die durch Talent und früher ausgeübten Zwang zweifellos überlegene kaufmännisch wirtschaftliche Eigenschaften besitzen, das heißt also der Antisemitismus dieser Art ist weiter nichts als Konkurrenzneid gegenüber überlegenen Wettbewerbern.»[16]

Offensichtlich gab es jedoch auch eine Art von Antisemitismus, die Stinnes durchaus ein bißchen gefiel. Seiner Ansicht nach war es kein Zufall, daß der Zusammenbruch der Monarchie mit einem Erstarken des Antisemitismus zusammenfiel, «da leider unter der Monarchie das Judentum teilweise schon eine Rolle gespielt hat, die ihm nach seiner prozentualen Bedeutung im Volke nicht zukam». Letztlich aber konnte sich Stinnes von der weitverbreiteten Ansicht nicht distanzieren, nach der sich die Juden «Übergriffen» auf Bereiche schuldig gemacht hätten, in denen sie sich hätten zurückhalten müssen. So erklärte er Ludendorff später, «volles Verständnis zu haben für die Lage der Konservativen, anständigen Juden, die garnicht wissen wohin sie sich wenden sollen».[17]

Freilich unterschied sich diese Haltung zur «Judenfrage» vollkommen von der Alfred Rosenbergs. So verkörperte Stinnes, der sicherlich erheblich weniger Vorurteile hegte als so manche einflußreichen amerikanischen und britischen Geschäftskreise der damaligen Zeit, zwei Richtungen, die später keine unbedeutende Rolle spielen sollten: erstens, die Bereitschaft, den Antisemitismus für politische Zwecke zu instrumentalisieren, wie er dies auf der Konferenz von Spa getan hatte, und zweitens, die Teilnahme an dem breiten Kon-

15 Stinnes an Bücher, 3. Juli 1922, ebd.
16 Stinnes an Bücher, 4. Juli 1922, ebd., 046/2.
17 Stinnes an Ludendorff, 1. November 1922, ebd. 040/2.

sens, die Juden seien besonders in der Presse und im öffentlichen Leben zu stark vertreten.

Lassen Sie mich abschließend ganz kurz einige Überlegungen zu Stinnes und dem Problem des rechtsgerichteten politischen Radikalismus anstellen. Stinnes identifizierte sich mit der nationalliberalen Tradition, war Mitglied der Deutschen Volkspartei und hatte wenig Geduld für Politik und Politiker, die ideologisch ausgerichtet waren. Er hielt Kaiser Wilhelm II. für einen Dummkopf und war der Meinung, daß mit der Erschießung von Rathenau auch die Monarchie erschossen worden sei und daß man die Republik unterstützen müsse. Er stellte der Organisation Escherich und den Einwohnerwehren sowie einigen rechtsstehenden Publizisten erhebliche finanzielle Mittel zur Verfügung, zeigte sich aber als entschiedener Gegner von Putschversuchen, insbesondere des Kapp-Putsches. Im Grunde glaubte er an den Primat der Wirtschaft über die Politik. Im Jahre 1921 spiegelte der Sohn Edmund die Haltung des Vaters sehr präzise wider, als er schrieb, daß «Berufspolitiker von der Sorte Scheidemann-Erzberger-auch Stresemann» nun zu erkennen begännen, «daß ihre Zeit sich dem Ende nähert, die Wirtschaft über sie hinweggeht. Man muß abwarten können und Papa tut dies sicher».[18]

Das Problem war, daß «Papa» eben nicht warten konnte, und er zeigte sich am Ende seines Lebens vom politischen Vorgehen Stresemanns, den Ruhrkonflikt zu beenden, in der Tat tief enttäuscht. Eine solche Enttäuschung erlebte er auch in bezug auf sein politisches Ziel, sich für seine Politik die Unterstützung der breiten Massen zu sichern. Stinnes hatte seine Hoffnung auf ein Bündnis mit den Gewerkschaften, die durch die Zentralarbeitsgemeinschaft vertreten waren, gesetzt, gab diese Idee jedoch auf, als sich die sozialistischen Gewerkschaften der von ihm favorisierten Aussetzung des Acht-Stunden-Tages zur Rückzahlung der Reparationen entgegenstellten. Dann spielte er mit dem Gedanken einer Annäherung an die Gelben Gewerkschaften, obwohl diese ihm die gewünschte Unterstützung auf breiter Basis wohl kaum hätten bieten können. Bedrohlicher als diese Abkehr von den Gewerkschaften schien allerdings eine gewisse Neigung zum Dezisionismus als Mittel, Krisen oder Enttäuschungen zu bewältigen, was in scharfem Kontrast zu Stinnes als Krisenmanager stand, der die Fähigkeit besaß, vernünftigere Entscheidungen zu treffen. Verbittert richtete er die folgende Bemerkung an einen seiner Direktoren, der ihn Mitte März 1924, wenige Wochen vor seinem Tod, besuchte: «In diesen Tagen, wo ich hier hänge (...) habe ich viel Zeit zum Nachdenken gehabt und bin zu der Erkenntnis gekommen, daß uns aus unserer Lage nur ein Krieg her-

18 Edmund an Clärenore Stinnes, 7. April 1921, Teilnachlaß Stinnes, Privatbesitz.

ausführen kann. Unser schönes Ruhrrevier wird dabei völlig vernichtet, deshalb habe ich auch meinen gesamten Besitz dort innerlich abgeschrieben (...). Ja, es hat keinen Zweck, sich zu täuschen, ebenso gewiß bin ich, daß wir diesen Krieg gegen die Franzosen gewinnen werden und daß wir Alles wieder kriegen, das Ruhrgebiet, Elsaß Lothringen und noch mehr, wenn wir nur in dem Augenblick Könner an der Spitze haben, Kerle, frei von Gefühlen, mit starken Nerven und klarem Verstand.»[19]

Dies klingt natürlich nicht gerade ermutigend, wird aber etwas relativiert, wenn man bedenkt, daß Stinnes praktisch auf dem Totenbett lag und im Hinblick auf das Scheitern seiner Pläne und Programme in den vorangegangenen drei Jahren völlig frustriert war. Es war kaum denkbar, daß er, der die Einmischung des Staates in wirtschaftliche Belange so vehement ablehnte, sich mit den Nationalsozialisten oder deren fanatischem Antisemitismus ohne weiteres arrangiert hätte; durchaus vorstellbar jedoch wäre, daß er sowohl vor als auch nach 1933 in viel stärkerem Maße auf die Barrikaden gegangen wäre als seine Kollegen in der Wirtschaft. Gleichzeitig aber war er auch ein außerordentliches Produkt der damaligen politischen Kultur, so daß angesichts seiner Leistungen in den frühen Jahren der Republik die Annahme wohl plausibel ist, daß er sich später als das erwiesen hätte, was er bereits zu seinen Lebzeiten war: Nämlich als das spektakulärste und interessanteste Beispiel für den politischen Fehlgang und die politischen Fehlkalkulationen des deutschen Unternehmertums.

19 Aufzeichnung für Frau Hugo Stinnes Wagenknecht über die letzte Unterredung mit meinem Chef am 18. März 1924 in der Douglas Strasse von Karl Fehrmann, Teilnachlaß, Privatbesitz, dat. 16./18. Oktober 1924.

JOACHIM SCHOLTYSECK

Robert Bosch und der Widerstand gegen den Nationalsozialismus

Eine Darstellung der gesamten Bandbreite unternehmerischen Verhaltens während der Jahre 1933 bis 1945 muß die vielfältigen Reaktionen von begeisterter Mitarbeit über opportunistische Beteiligung bis zur abwägenden Unbotmäßigkeit nachzeichnen. In diesem Spannungsbogens bietet das Stuttgarter Unternehmen Robert Bosch ein Beispiel für einen Kurs, der im Rahmen des möglichen Verhaltensspektrum als außergewöhnlich bezeichnet werden kann: Robert Bosch und sein Führungskreis waren am aktiven Widerstand gegen Hitler beteiligt.[1]

Nach außen wirkt die Firmengeschichte des Hauses Bosch in den Jahren 1933 bis 1945 ganz wie die irgendeines anderen deutschen Großunternehmens, das von Hitlers Motorisierungsboom profitierte, kriegswichtiger Lieferant für die Wehrmacht war, 1941 gar als «nationalsozialistischer Musterbetrieb» geehrt wurde und Kriegsgefangene und Zwangsarbeiter beschäftigte.

Wenn man diese Geschichte schriebe, unterschiede sie sich nicht wesentlich von vielen anderen Unternehmen: Man könnte von Querelen mit örtlichen Machthabern berichten, von der Unzufriedenheit mit einzelnen staatlichen Maßnahmen und der Autarkiepolitik, die dem Export und dem Auslandsbesitz schadeten und mit gelegentlicher Insubordination beantwortet wurden. Kurz: Ein Großunternehmen, das sich widerwillig gegenüber den neuen Herren zeigte, dann aber doch unternehmerische Flexibilität bewies, sich arrangierte und nicht zuletzt von der Aufrüstung profitierte.

Und doch würde eine solche Studie ihr Ziel verfehlen: Sie würde einen wesentlichen und charakteristischen Aspekt außer acht lassen. Robert Bosch und sein Direktorium wurden in den Jahren nach 1933 eine Anlaufstelle des politischen Widerstandes gegen den Hitlerstaat.

1 Das vorliegende Referat basiert auf einer geplanten Veröffentlichung über «Robert Bosch und den liberalen Widerstand gegen die totalitäre Diktatur». Einige Ergebnisse sind bereits vorab publiziert worden: Joachim Scholtyseck, *Der «Stuttgarter Kreis» – Bolz, Bosch, Strölin: ein Mikrokosmos des Widerstands gegen den Nationalsozialismus,* in: Rudolf Lill/Michael Kißener (Hrsg.), *20. Juli 1944 in Baden und Württemberg,* Konstanz 1994, 61–123; ders., *Die Firma Robert Bosch und ihre Hilfe für Juden,* in: Michael Kißener (Hrsg.) *Widerstand gegen die Judenverfolgung,* Konstanz 1996, 155–226; ders., *Robert Bosch, die deutsch-französische Verständigung und das Ende der Weimarer Republik,* in: *Robert Bosch und die deutsch-französische Verständigung* (Bosch-Archiv Schriftenreihe, Heft 1), Stuttgart 1996, 44–116.

Ein Blick auf die Biographie von Robert Bosch ist für das Verständnis seines Wegs zur Opposition gegen Hitler unerläßlich.[2] Bosch, 1861 geboren, stammte aus einer großbäuerlichen Familie von der schwäbischen Alb. Der Vater war ein Freigeist, Anhänger der Revolution von 1848 und später Gründungsmitglied der demokratischen DVP. Robert Bosch blieb sich seines eigenen Aufstiegs aus eher kleinen Verhältnissen stets bewußt, auch als sich seine feinmechanische Werkstätte um die Jahrhundertwende zu einem Großbetrieb entwickelt hatte. Dabei war er ein für diese Zeiten recht typischer Patriarch: Er gehörte zu den Unternehmern, die Leistung forderten und im Gegenzug soziale Absicherung als besten Anreiz für die Motivation ihrer Arbeiter verstanden. Das Unternehmen Bosch gehörte zu den ersten, die in Deutschland den Achtstundentag einführten; Löhne und Gehälter lagen weit über dem vergleichbaren Durchschnitt.

Bosch, der lange Jahre SPD-Abgeordnete finanziell unterstützt und sozialdemokratisch gewählt hatte, bezeichnete sich selbst später als «naumännisch».[3] Mit Kategorien eines Weber'schen Kulturprotestantismus wird man ihm allerdings kaum gerecht. Er war als Agnostiker schon lange aus der Kirche ausgetreten und eher ein Repräsentant eines humanitären Rationalismus. Im Ersten Weltkrieg sah er Deutschland als den Angegriffenen, hatte allerdings für die nationalistische Hybris kein Verständnis und unterstützte die gemäßigten Liberalen gegen die alldeutsche Propaganda.

Robert Bosch war, wie die überwältigende Mehrheit der Deutschen, ein Gegner von Versailles, aber anders als viele seiner Standesgenossen in der Industrie wendete er diese traumatische Erfahrung des Krieges ins Positive. Er hegte keine Sympathien für Wilhelm II. – vergleichbar mit vielen Unternehmern, die der abgewirtschafteten Monarchie nicht nachtrauerten. Aber als ein der DDP nahestehender Linksliberaler verteidigte er die Republik gegen Angriffe von rechts nicht nur aus Vernunftgründen. Felix Pinner, der in den frühen zwanziger Jahren in der «Weltbühne» eine ganze Reihe von Industrieführern kritisch begutachtete, bezeichnete Robert Bosch angesichts seiner sozialen und politischen Vorstellungswelt entsprechend als einen «Gegentypus gegen den zeit- und landläufigen Unternehmer».[4] Tatsächlich schwamm Bosch gegen den Strom der Zeit. Sein ungebrochener Fortschrittsoptimismus schien ins 19. Jahrhundert zu gehören; jedenfalls wirkte er in den Jahren der Weimarer Republik merkwürdig antiquiert. Bosch warb in den zwanziger Jahren bestän-

2 Als Biographie nach wie vor Theodor Heuss, *Robert Bosch. Leben und Leistung* (1946), Stuttgart [10]1987.

3 Zitiert nach Theodor Heuss, *Robert Bosch* (wie Anm. 2), 286.

4 Felix Pinner (d.i. Frank Faßland), *Robert Bosch*, in: *Deutsche Wirtschaftsführer*, Charlottenburg 1925, 133–139, hier 136.

dig für den politischen Ausgleich mit der gemäßigten Sozialdemokratie und befürwortete in den frühen dreißiger Jahren den Aufbau einer «Mittelpartei» von Linksliberalen und Sozialdemokraten. Auf keinen Fall dürfe es eine rechte Politik der Abschottung gegen die Sozialdemokratie geben, wie er noch im April 1932 bemerkte: «Wer eine solche Mittelpartei etwa gründen wollte in der Absicht, durch eine möglichst radikale Bekämpfung des ‹Marxismus› Erfolge zu erzielen, der wird schon große Fehler machen. Die Sozialisten haben einsehen gelernt, dass sie grosse Fehler gemacht haben. Sie haben schon seit langer Zeit alles getan, was sie tun konnten, um die Fehler wieder gutzumachen, die sie gemacht haben. Sie haben das getan, wenn auch nur in passiver Weise, d. h. durch Duldung der Notverordnungen usw. usw. Sie haben jedenfalls mehr zu einer Gesundung unserer inneren Zustände getan, als irgendwelche Heisssporne im deutschnationalen und nationalsozialistischen Lager. In der Politik kann man nur das Mögliche erreichen wollen und möglich ist nur eine langsame Besserung. Durch ein Niederschlagen der Arbeiterparteien ist eine Besserung aber nicht herbeizuführen.»[5]

Gleichzeitig wurde Bosch zu einem Mentor des europäischen Ausgleichs und vor allem der deutsch-französischen Verständigung. Gleichwohl: Bosch verstand sich in erster Linie als Unternehmer, dem eine prosperierende Wirtschaft als die beste Garantie für politische Stabilität erschien.

So unterstützte er die Paneuropa-Idee des Grafen Coudenhove-Kalergi und dessen Plan zur Schaffung eines zentraleuropäischen Staatenbundes, obwohl diese Vorhaben für die Zeitumstände recht schwärmerisch und naiv anmuteten. Mit der Radikalisierung und Nationalisierung im Europa der frühen dreißiger Jahre verlor die «Europaidee» an Anziehungskraft. Auch andere von Bosch geförderte Initiativen scheiterten, etwa die «Privatdiplomatie» des Journalisten Paul Distelbarth, der über die deutschen und französischen Frontkämpferverbände eine Annäherung zu erreichen suchte.

Bosch selbst blieb gegen den Nationalsozialismus immun. In diesen Zusammenhang gehört auch die Hilfe für verfolgte Juden. Neben der Unterstützung für befreundete Persönlichkeiten – Bosch war Mitglied im «Verein zur Abwehr des Antisemitismus» gewesen – wurde auf politischer Ebene ein angeregter Kontakt zum Berliner Präsidenten der «Reichsvertretung der deutschen Juden» und Oberrabbiner Leo Baeck hergestellt.

Es war nicht zuletzt die Ohnmacht angesichts des jüdischen Schicksals, die den Widerstand des «Boschkreises» und die Mitarbeit an der Verschwörung gegen Hitler motivierten, dessen Beginn zu definieren problematisch ist, weil

5 Bosch an Gudell vom 6. April 1932, *Robert Bosch Archiv* (RBA) N 11/59. Teilweise zitiert bei Theodor Heuss, *Robert Bosch* (wie Anm. 2), 465.

Bosch von Anfang an Gegner des Nationalsozialismus war. Von einem konspirativen Widerstand kann seit 1937/38 gesprochen werden, nachdem sich die Hoffnungen auf ein «Abwirtschaften» des Nationalsozialismus nicht erfüllt hatten. Symbolisiert wurde der Übergang zu aktiver Opposition durch die Einstellung des kurz zuvor aus Protest gegen die nationalsozialistische Judenpolitik zurückgetretenen Leipziger Oberbürgermeisters Carl Goerdeler als «Berater» der Firma.

In diesen Jahren bildete sich ein informelles Netz der Verschwörer aus, der sogenannte «Boschkreis»: Neben Robert Bosch selbst zählte zu diesem Zirkel Boschs langjähriger engster Mitarbeiter und «Betriebsführer» des Konzerns, Hans Walz, ein tief religiöser Mensch und in vielerlei Hinsicht ein Gegenpol zum patriarchalischen Firmengründer; Boschs langjähriger Privatsekretär Willy Schloßstein; als weitere Mitarbeiter der wirtschaftliche Berater Albrecht Fischer, der ehemalige Polizeioffizier Paul Hahn und der Pädagoge Theodor Bäuerle.

Nachdem Carl Goerdeler den Boschkreis in seine Widerstandstätigkeit einbezogen hatte, kam es zu mannigfachen Versuchen, durch gemeinsame Freunde und Geschäftspartner in Großbritannien und Frankreich auf die verhängnisvollen Auswirkungen der Appeasement-Politik hinzuweisen. Jenseits von den militärisch-diplomatischen Bemühungen wurden über die Mittelsmänner Reinhold Schairer, Arthur P. Young und Hans Ritter die Westmächte, letztendlich vergeblich, vor einem Nachgeben gegenüber Hitler gewarnt. Die «Verlassenen Verschwörer»[6] fanden in den europäischen Hauptstädten kein Gehör.

Bosch und Goerdeler, der eine Schwabe, der andere Ostpreuße, waren im Grunde gegensätzliche Persönlichkeiten. Ein linksliberaler Patriarch der eine, ein wirtschaftsliberaler Monarchist der andere: Goerdeler war impulsiv, beinahe getrieben, der Boschkreis dagegen setzte sich aus nüchternen und weltoffenen Männern der Wirtschaft zusammen, denen die Problematik des Arbeitslebens vor Augen stand. Die Ebene, auf der man sich traf, war der Wunsch nach Wiederherstellung von Recht und Moral.

Der vom Boschkreis verfochtene «liberale» Widerstand wirft eine Definitionsfrage auf: Überblickt man die Forschung, so drängt sich der Eindruck auf, als ließe sich der Widerstandsbegriff gleichsam dichotomisch auf eine linke und eine rechte Widerstandstätigkeit reduzieren. «Rechter» Widerstand erscheint in dieser Kategorisierung als geprägt von Bürgerlichen, Nationalkonservati-

6 Klemens von Klemperer, *Die verlassenen Verschwörer. Der deutsche Widerstand auf der Suche nach Verbündeten 1938–1945,* Berlin 1994.

ven, Militärs und konservativen Christen, «linker» Widerstand erwächst analog dazu aus den Traditionen der Arbeiterbewegung, getragen von Sozialdemokraten, Kommunisten und progressiven Christen. Nach den gängigen Beschreibungen von «Hauptgruppen und Grundzügen der Systemopposition» läßt sich der Boschkreis in keines dieser Muster zwängen. Die zeitgenössischen Berichte und Aufzeichnungen deutscher, englischer und amerikanischer Provenienz lassen keinen Zweifel, daß der Boschkreis bereits lange vor dem Ausbruch des Zweiten Weltkriegs in liberaler Argumentation vor der expansionistischen Politik Hitlers warnte. Aufgrund der Aktenüberlieferung läßt sich schließen, daß es sich um einen kaum überprüfbaren «nachholenden Widerstand» oder um Verzweiflungsaktionen in einer ausweglosen Kriegslage handelte.

Als 1939 die Versuche gescheitert waren, das westliche Ausland vor Hitler zu warnen, setzte der Boschkreis seine Bemühungen zur Findung eines «Friedens ohne Hitler» unbeirrt fort. In zwei schweizerischen Friedensfühlern im Frühjahr 1940 und Frühjahr 1941 wurden die Eckpunkte einer Nachkriegsordnung skizziert, die den Boschkreis von den Plänen der konservativeren «Honoratioren» abhoben: Ein Frieden ohne Vorbedingungen (Goerdeler wollte zu diesem Zeitpunkt davon noch nichts wissen); die Wiederherstellung der Demokratie, die Einigung mit den Sozialdemokraten; der Neuaufbau nach föderalem Muster, dies alles verbunden mit einer antipreußischen Tönung.

Im Winter 1942/43 und Frühjahr 1943 verfolgte Hans Walz, wiederum über Schweizer Kanäle, neue Friedensinitiativen. Seine Ausführungen gegenüber amerikanischen Diplomaten ließen keinen Zweifel, daß Hegemonial- und Restaurationsideen im Boschkreis keine Rolle spielten: Von einer Vormachtstellung Deutschlands in einer zukünftigen Weltordnung war nicht die Rede.

Nachdem der Boschkreis hatte erfahren müssen, daß die alliierte Politik des «unconditional surrender» keine Möglichkeiten einer Mediation mehr bot, konzentrierte man sich in der Erkenntnis, daß nur das wenig geschätzte Militär Hitler stürzen konnte, auf den geplanten Umsturz. So bereitete man sich 1943 und 1944 in aller Stille darauf vor, nach dem vollzogenen Attentat ein neues Deutschland aufzubauen. Die Pläne dafür lagen ausgearbeitet in den Schubladen. Das immer wieder angekündigte Attentat blieb jedoch aus. Zeitweise war man in Stuttgart von Goerdeler enttäuscht, der jedoch immer wieder versicherte, das Militär werde handeln. Im Frühjahr 1944 lehnte Hans Walz es ab, als zukünftiger Reichsminister auf Goerdelers Liste gesetzt zu werden; Albrecht Fischer ließ sich dagegen drängen, als «Politischer Beauftragter» für Württemberg zur Verfügung zu stehen.

Nachdem der Staatsstreich des 20. Juli 1944 mißlungen und der Widerstand gegen Hitler im Fiasko geendet hatte, deckte die Gestapo bald die Verbindungen nach Stuttgart auf. Albrecht Fischer wurde noch in der Nacht des 20. Juli verhaftet, Paul Hahn wenige Tage später. Beide wurden im berüchtigten Reichssicherheitshauptamt-Gefängnis in Berlin verhört, Hahn gefoltert, und beide wurden nach dem Prozeß vor Freislers Volksgerichtshof ins KZ eingeliefert. Hans Walz entkam der Gestapo nur durch einen Zufall, nicht zuletzt, weil Goerdeler nur die bereits verhafteten Fischer und Hahn, nicht aber ihn belastete und weil SS-Obergruppenführer Gottlob Berger, den der Boschkreis seit einigen Jahren als «Deckung» gegen Parteiangriffe instrumentalisierte,[7] schützend eingriff. Andere Mitglieder des Boschkreises wurden nach Verhören wieder freigelassen, weil sie geschickt ihre Mitwisserschaft vertuscht hatten. Hahn und Fischer kamen bei Kriegsende aus dem KZ frei.

Wenn mit dem Wirken von Robert Bosch und seinem Kreis von einem ganz anderen Unternehmerverhalten gesprochen werden kann als dem einer weitverbreiteten «stillen Teilhaberschaft», dann geht es keineswegs um Apologetik, Mohrenwäsche oder die Exkulpierung der traditionellen Eliten in Deutschland. Als Bosch im Herbst des Jahres 1941 bedauernd feststellte, daß immer noch «nichts gegen Hitler geschehen sei», führte er das *auch* darauf zurück, daß er und sein Kreis ganz allein stünden. Bosch kritisierte in diesem Zusammenhang scharf die Haltung der Industrie, die «ganz im Fahrwasser Hitlers» segle. Am stärksten empörte ihn die Schwerindustrie, die am Krieg verdienen wolle: Da diese aus eigener Kraft die Krisenzeit der dreißiger Jahre nicht habe überwinden können, habe sie sich ganz in die Arme Hitlers geworfen.[8]

Der Befund eines aktiven unternehmerischen Widerstands, so singulär er auch sein mochte und so wenig verallgemeinerungsfähig er ist, sollte daher den Blick auf zukünftige Forschungsfragen lenken:

1. Die Geschichte eines Großunternehmers im Widerstand mit ihrer klaren Linie vom Wunsch zur Verständigung mit Frankreich über die Einstellung Carl Goerdelers und die konspirativen Friedensfühler vor und während des Krieges bis zum Attentat auf Hitler am 20. Juli 1944 steht beunruhigenden Realitäten geradezu unverbunden gegenüber: In den gleichen Wochen des

7 Joachim Scholtyseck, *Der «Schwabenherzog». Gottlob Berger, SS-Obergruppenführer,* in: Michael Kißener/Joachim Scholtyseck (Hrsg.), *Die Führer der Provinz. NS-Biographien aus Baden und Württemberg,* Konstanz 1997, 77–110.

8 Willy Schloßstein, *Einstellung des Herrn Robert Bosch und seiner Mitarbeiter zum Nazi-Regime,* Bundesarchiv Koblenz (BAK), Nachlaß 1186 (Stolper), Bd. 85 a. Vgl. ähnlich schon die Bemerkung Boschs gegenüber Ulrich von Hassell: *Die Hassell-Tagebücher,* hrsg. v. Friedrich Freiherr Hiller von Gaertringen, Berlin 1988, Eintrag vom 11. August 1939, 107 f.

Jahres 1943, in denen Hans Walz persönlich seinen alliierten Kontaktmännern von den bislang gescheiterten Attentaten auf Hitler berichtete und einen neuen Staatsstreich ankündigte, trafen russische Kriegsgefangene bei Bosch in Stuttgart ein. Hiervon wußte Walz und hierfür trug er in letzter Instanz die Verantwortung. Wie war das miteinander zu vereinbaren – Widerstand und Gefährdung des eigenen Lebens auf der einen Seite, «Mitmachen» auf der anderen Seite? Wäre es statthaft zu sagen: Nur *weil* man für den Staat Hitlers produzierte, war es überhaupt möglich, effektiv Goerdelers Umsturzbemühungen zu unterstützen und eigene Friedensinitiativen voranzutreiben? Albrecht Fischer, einer der Protagonisten des Boschkreises, hat die Frage später lakonisch formuliert: «Was ist besser, sich erwischen zu lassen oder nach außen scheinbar mitzumachen, dafür aber unter der Decke zu wirken?»[9]

Angesichts dieser Widersprüchlichkeiten und Dilemmata ist zu fragen, ob es nicht für den totalitären, alles in seinen Bann zwingenden Hitlerstaat bezeichnend war, daß sich ein Unternehmer im Widerstand praktisch bedingungslos dem Primat des Politischen unterzuordnen hatte. Mit anderen Worten: Selbst eine «Wirtschaftsmacht» wie Bosch mußte sich unter dem Druck der Verhältnisse den politischen Gesetzen des Nationalsozialismus unterwerfen. Die Geschichte des Widerstands des Boschkreises ist somit auch ein Sinnbild für die Vergeblichkeit des Ansturms gegen die ideologische Revolution des Nationalsozialismus. Trotz des «polykratischen Chaos», das im NS-Staat auch der Wirtschaft gewisse Freiräume beließ, entschied in letzter Instanz der Führerwille.

2. Der Widerstand des Boschkreises wurde namentlich im Zusammenhang mit den Auslandsverbindungen stets durch konzeptionelle Vorschläge für ein «Anderes Deutschland» untermauert. Der Boschkreis lancierte dabei eigene Vorstellungen, die sich von den Ideen Carl Goerdelers, noch mehr jedoch von den Konzeptionen der konservativen «Honoratioren» wie Ulrich von Hassell und Johannes Popitz unterschieden.
3. Die demokratischen, liberalen, süddeutschen und antipreußischen Grundmuster dieser Vorschläge für ein Nachkriegsdeutschland verweisen auf die sozial-liberalen Traditionen und das Denken von Robert Bosch. Der Wunsch, den innenpolitischen Ausgleich mit der Sozialdemokratie herzustellen und außenpolitisch die Verständigung mit Frankreich zu erreichen, bildete die Grundlage für den Kampf gegen die totalitäre Diktatur.

9 Willy Schloßstein, *Einstellung des Herrn Robert Bosch* (wie Anm. 8).

4. Nachdem Robert Bosch 1942 gestorben war, waren es die von ihm repräsentierten demokratischen Traditionen, die nach 1945 an das anknüpfen konnten, was 1933 unterbrochen worden war. Die Versöhnung mit Frankreich, die in den fünfziger Jahren eingeleitet wurde, entsprach dem, was Bosch sich erhofft hatte. Das scheinbar Unzeitgemäße des liberalen und sozialen Unternehmers erwies sich als das eigentlich in die Zukunft Weisende.
5. Die Geschichte des Unternehmers Robert Bosch bestätigt zugleich eine scheinbar banal klingende Feststellung Hannah Arendts. Sie hat in ihrer Berichterstattung über den Eichmann-Prozeß von dem praktischen Nutzen von Berichten über Widerstand im Dritten Reich gesprochen. Die Lehre solcher Geschichten sei einfach: «Sie lautet, politisch gesprochen, daß unter den Bedingungen des Terrors die meisten Leute sich fügen, einige aber nicht.»[10]

10 Hannah Arendt, *Eichmann in Jerusalem. Ein Bericht von der Banalität des Bösen,* München [8]1986, 278.

PETER HAYES

Die I.G.-Farbenindustrie

Die Bedeutung der chemischen Industrie für die deutsche Geschichte insgesamt in den letzten 130 Jahren, geschweige denn für die Stadtgeschichte Frankfurts oder für die Unternehmensgeschichte im nationalsozialistischen Zeitraum, ist kaum zu überschätzen. Ich meine dies nicht nur in bezug auf die großen Umsätze, Erträge und Gewinne, die u. a. das Erbauen des enormen Hauses, wo wir tagen, ermöglichten, sondern vielmehr im Sinne der exemplarischen Bedeutung dieser Branchengeschichte. In der Tat stellte die Entwicklung des chemischen Sektors in Deutschland fast einen Mikrokosmos der Auswirkungen des anhaltenden deutschen Dilemmas in der Moderne dar, das heißt des Bedürfnisses eines rohstoffarmen aber starkbevölkerten Landes, seinen Lebensstandard und seinen Machtanspruch entweder auf Handel und Export oder auf Krieg und Eroberung aufzubauen. Vor 1933 und nach 1945 ist diese Industrie Spitzenreiter der ersten Lösung gewesen. In der Zwischenzeit war sie der mutmaßliche Mitgestalter und Hauptgewinner jener Politik von Autarkie, Aufrüstung, Aggression, Ausbeutung und Ausrottung, die am Ende Deutschland selbst den Ruin brachte.

Angesichts des prototypischen Status dieses Forschungsgegenstandes muß es als bedauerlich gelten, daß die Geschichte der deutschen Chemie, zumal im sogenannten Dritten Reich, seit langem überwiegend als die Geschichte eines einzigen Großkonzerns und seiner Vorgänger und Nachfolgefirmen betrachtet worden ist – und daß sie auch in diesem Beitrag so behandelt werden muß. Die ehemalige kapital-, ausstoß- und belegschaftsmäßige Vorherrschaft der I.G.-Farbenindustrie AG spiegelt sich in der Geschichtsschreibung aus verschiedenen Gründen immer noch. Zum ersten bleibt das Verhalten der I.G.-Farben am zugänglichsten dokumentiert, und die Bereitschaft anderer Gesellschaften, wie Degussa, die mir große Teile ihrer Akten schon Mitte des letzten Jahrzehntes offenlegte, eher die Ausnahme. Zum zweiten aber ist Firmen- bzw. Industriegeschichte in meiner Zunft so aus der Mode gekommen, daß ich nur von der derzeitigen Vorbereitung einer Monographie dieser Art weiß; das ist die Dissertation über Schering von Christopher Kobrak, der an der Ecole Superieure de Commerce in Paris lehrt. Interessierte werden lange Zeit abwarten müssen, bis unabhängige, sachliche und kritische Forscher unseren Wissensstand über noch bestehende Firmen wie Degussa, Henkel und Merck oder untergegangene Gesellschaften wie von Heyden, die Rüttgerswerke und Deutsche Solvay oder damals teilweise chemikalische Hersteller wie Wintershall soweit vorangebracht haben, wie den, der uns bereits über die I.G.-Farben verfügbar gemacht worden ist. Daher muß auch ich heute den Akzent auf diesen Konzern legen und mich sonst damit begnügen, unsere recht spärlichen Kenntnisse über die Entwicklung und Politik anderer Unternehmen nur zu erwähnen, insofern als sie das Geschäftsgebaren der I.G. als bezeichnend für die gesamte Branche bestätigen oder in Frage stellen.

Trotz aller Wissenslücken kann man wohl behaupten, daß die Geschichte der Chemieindustrie im Hitlerischen Reich uns beinahe ein Lehrstück zum Thema der Wechselwirkung zwischen kommerzieller und politischer Zielstrebigkeit im Kontext einer Diktatur vorführt. Als der Nationalsozialismus an die Macht kam, hätten Zeitgenossen vielmehr ein eher gespanntes Verhältnis zwischen dem neuen Regime und dieser Industrie vorhergesagt, als daß sie in späteren Jahren für eine Nutznießerin und Stützpfeiler des Dritten Reiches gehalten wurde. Allerdings hatten einige Vertreter der Branche mögliche Interessenüberschneidungen infolge der Autarkiebestrebungen der NSDAP schon erkannt. Zum Beispiel Claus Ungewitter, Geschäftsführer des Vereins zur Wahrung der Interessen der Chemischen Industrie, der im Februar 1932 nach einem großen deutschen Zehnjahresplan zur Förderung einheimischer Rohstoffe als Ausweg aus der Wirtschaftskrise rief. Aber die Großunternehmer der Industrie waren in den Jahren vor der Ernennung Hitlers meistens anderer Meinung gewesen und dazu geneigt, der Aussicht auf eine Nazi-Regierung vielmehr mit Besorgnis als mit Händereiben entgegenzusehen.

Dies traf auf die Vorstandsmitglieder der I.G.-Farben besonders zu. Seit Jahren hatten sie den Konzern zum wichtigsten industriellen Befürworter der Weimarer Republik und der allmählichen und friedlichen Revision des Versailler Vertrages gemacht. Durch sie wurde die Firma auch zum großzügigsten finanziellen Unterstützer der Wahlkämpfe der Demokratischen, Volks- und Zentrumsparteien und des Reichspräsidenten von Hindenburg. In den letzten Monaten der Demokratie stand der Konzern schließlich dem mißlungenen Versuch Pate, einen Bürgerblock dieser Parteien gegen die Deutschnationalen und die Nazis zu bilden. Darüber hinaus lehnten die Wortführer der I.G. im Jahre 1932 immer wieder öffentlich alles «Herumexperimentieren» an der Wirtschaft, alle Verfälschungen am freien Außenhandel und am verbreiteten Meistbegünstigungsprinzip und alle Einschränkungen der Unternehmerfreiheit ab. Obwohl sie Mitte des Jahres die NSDAP versicherungshalber mit etwa 25.000 Reichsmark bedachten und dem Führer zwei Direktoren schickten, um Angriffe auf den Konzern in der Nazi-Presse zum Stillstand zu bringen, stellte das kein prinzipielles Abweichen von der bis dahin eingehaltenen Richtung dar und blieb ein Sonderfall. Als der Wahlerfolg der Hitler-Bewegung abebbte und die Wirtschaft im Herbst 1932 wieder anlief, ließ William Rudolf Mann jr., der einzige Nationalsozialist im Vorstand, seine frische Mitgliedschaft in der Partei fallen, und die Manager der Firma schlossen sich hinter den Regierungen Papen und Schleicher zusammen, in deren Kabinetten ein ehemaliger Kollege das Amt des Wirtschaftsministers bekleidete.

Bei anderen Chemiegesellschaften wie Degussa und Schering ist eine ähnliche Tendenz feststellbar, Distanz von den Nationalsozialisten vor dem 30. Januar 1933 zu wahren und das höchstwahrscheinlich aus denselben Gründen, auch wenn sie unterschiedlich stark vertreten waren. Erstens trotz allen infolge der Wirtschaftskrise vorgenommenen Streichungen von Investitionen, Arbeitsplätzen und Tantiemen, blieben die Großfirmen der Chemie weitgehend imstande, Dividende auszuschütten, was die Ausbreitung einer politischen Panikstimmung unter ihren «Führern» hemmte. Zweitens scheint ein gewisser Klassenstolz oder gesellschaftliches Überheblichkeitsgefühl manche, vor allem ältere Industrieleiter daran gehindert zu haben, die Nationalsozialisten als eine geeignete politische Adresse bzw. als die Regierungspartei der Nation ernst zu nehmen. Im Nachlaß von Fritz Roessler, dem Sohn des Gründers und Mitglied des Aufsichtsrats der Degussa, tritt diese Einschätzung der Nazis am klarsten zutage. Aber sie ist auch in den Äußerungen Fritz ter Meers von I.G.-Farben stark bemerkbar. Drittens gab der Antisemitismus der NSDAP auch manchmal Anlaß zum Abstand. Obwohl Juden Ende 1932 nicht mehr in den Vorständen von Degussa oder I.G.-Farben vertreten waren – der letzte scheint aus dem Gremium in diesem Haus im Dezember des Jahres ausgeschieden zu sein –, gab es sechs jüdische Aufsichtsräte bei Degussa und neun bei der I.G. zu dieser Zeit. Bei Schering hatte Julius Weltzien, einer der Geschäftsführer, zwei jüdische Großeltern und Hans Bie, stellvertretender Vorsitzender der Dachgesellschaft der Kokswerke, vier. Die Mischung von ökonomischen, soziologischen, persönlichen und grundsätzlichen Motiven änderte sich von Fall zu Fall, doch ganz allgemein handelt es sich bei den Chemieunternehmern meistens um Desinteresse für oder sogar Abneigung gegen die Nazis, bis die Intriganten um den Reichspräsidenten in Berlin ihr Vorhaben ausgeführt hatten.

Mit dem Kabinettswechsel und den darauffolgenden Tumulten in den Straßen und Werken, begann eine pragmatische Denkart die Oberhand zu gewinnen, die in Anpassungsbereitschaft mündete, manchmal sogar in Bereitwilligkeit, «mit den Wölfen zu heulen». Man war darauf bedacht, den früheren Mangel an korrekter politischer Gesinnung – und vielleicht noch wichtiger, an wertvollen politischen Beziehungen – auszugleichen. Ernst Busemann, Vorsitzender von Degussa, ging so weit zu erwägen, die Vorstandsmitglieder en bloc in die Partei eintreten zu lassen, ehe er sich damit begnügte, daß Hermann Schlosser, der der NSDAP angeblich schon relativ nahe stand, allein diesen Schritt tat. Bei der I.G.-Farben beeilten sich fünf von 25 führenden Direktoren, einschließlich des nun etwas schamhaften Wilhelm Rudolf Mann jr., sich der Bewegung anzuschließen. Scherings Annäherungsversuch dieser Art war etwas ungeschickt, nämlich die Wahl von Gregor Strasser zum Vorstand, dem kurz zuvor aus der Partei zurückgetretenen und in Ungunst verfallenen Mitarbeiter Hitlers. Ein «Mißgriff», den die Firma ein Jahr später nach Strassers Erschießung, durch die Ernennung eines Cousins von Hermann Göring in die gleiche Position, wieder gutzumachen versuchte. Das Bedürfnis, sich an die zugleich einschüchternde und erfolgversprechende Nationalrevolution anzuhängen, wurde manchmal durch Personaländerungen in den obersten Rangordnungen bei mehreren Firmen verstärkt. Infolge einer der letzten Notverordnungen des Brüning-Kabinetts kam es 1932 bis 1933 zur Pensionierung zahlreicher Vorstandsmitglieder und Aufsichtsräte verbunden mit dem Aufstieg von Vertretern einer neuen Generation, die nun besonders viel Wert darauf legten, sich mit den gegebenen Verhältnissen zu arrangieren, damit sich ihren jeweiligen Karieren die entsprechenden Entfaltungsmöglichkeiten bieten konnten. Vier von neun Mitgliedern traten zum Beispiel dem Zentralausschuß von I.G.-Farben im Frühling 1933 bei.

Dem Willen zur Mitarbeit seitens der chemischen Industrie lagen aber vor allem kurz- bis mittelfristige Geschäftskalkulationen zugrunde. Beispielsweise stellte es sich bald heraus, daß die nationale Betonung auf Autarkie und sogenannte Arisierung zu der Diversifikationsstrategie Ernst Busemanns bei Degussa sehr gut paßte. Seit langem darum bemüht, die Abhängigkeit seiner Firma von der Natriumperboratlieferung an Henkel für das Waschmittel Persil zu mindern, vermochte er nun die Herstellung von Ruß als Zusatz zu Gummireifen gewinnbringend auszubauen und den Erwerb aus jüdischem Besitz von drei florierenden Firmen auszuhandeln, allerdings jedesmal unter für die damaligen Verhältnisse noch annehmbaren kommerziellen Bedingungen für die Geschädigten. Der I.G. dagegen war die Arisierung von Anfang an eher unattraktiv. Obwohl der Konzern sich an der Übernahme der Chemischen-Pharmazeutischen Fabrik Bad Homburg mit Degussa beteiligte, lehnte er die meisten Angebote dieser Art ab, aus – wie eine betriebsinterne Niederschrift lautete – «schon oft erörterten Gründen». Aber hinsichtlich der Autarkiekampagne war die Lage sehr anders, auch wenn die Vorteile komplizierter als im Fall Degussas und mit bedenklichen Nachteilen verbunden schienen.

Das Verhalten der I.G.-Farben im Dritten Reich läßt sich nur im Zusammenhang mit den Problemen der historischen Forschungs- und Entwicklungsstrategie des Konzerns in der Zwischenkriegszeit erklären. Die Vorgängerfirmen der I.G.-Farben sind groß geworden – und deren Zusammenschluß 1925 ist entstanden – als Folge ihrer immer kostspieligeren Versuche, die wenigen natürlichen Ressourcen Deutschlands – Kohle, Wasser, Holz, Erde und Luft – in synthetische Ersatzstoffe für teure Rohstoffimporte umzuwandeln und diese Erfindungen dann international begehrt zu machen. Wie die Geschichte der bisher aufwendigsten Leistungen dieser Art, der Synthese von Indigo und der Gewinnung von Stickstoff aus der Luft, zeigte, war dies ein enorm gewinnbringendes, aber auch sehr kapitalintensives und unbeständiges Gebiet, das dem eisernen Gesetz der Produktzyklen unterlag. Carl Bosch, Vorstandsvorsitzender der BASF 1919 bis 1925 und der I.G.-Farben 1925 bis 1935, formulierte es einmal wie folgt: «Ein großes technisches Problem braucht zehn Jahre, um fabrikreif zu werden, weitere zehn Jahre trägt es Nutzen, in den nächsten zehn Jahren sackt es bereits ab. Dann muß schon ein anderes Problem gelöst sein. Was wir an einer erfolgreichen Erfindung verdienen, muß in die Vorbereitung eines neuen Problems gesteckt werden.»

Anfang der Dreißiger jedoch waren die Drehtempos der lebenswichtigsten Produktzyklen der I.G.-Farben nicht mehr gut aufeinander abgestimmt. Genauer gesagt: während ein kompliziertes Geflecht von internationalen Kartellen die Schrumpfung der I.G.-Anteile an den Weltmärkten für Farbstoffe und Stickstoff nur verlangsamte, rückte die Konkurrenzfähigkeit des neuesten Hoffnungsträgers der Firma, das heißt der synthetische Treibstoff aus Kohle, in deren Entwicklung das Unternehmen schon 500 Mio. Reichsmark investiert hatte, durch den Sturz des Rohölpreises noch mehr außer Reichweite. Derartig hoch waren die Verluste und schlecht waren die Aussichten geworden, daß drei Betriebskommissionen 1931/32 mit dem Gedanken spielten, das Benzinprojekt einzustellen, ehe die letzte die Debatte mit der Feststellung zum Schluß brachte, daß die Stillegung noch mehr kosten würde, als das Weiterlaufenlassen. Es blieb dem Konzern nichts anderes übrig, als Mitte 1932 Verhandlungen mit den Weimarer Kabinetten aufzunehmen, um eine Subvention in Form einer Absatzgarantie zu kostendeckenden Preisen zu erhalten.

In diesem Kontext stellte das Autarkieprogramm der neuen Hitler-Regierung für die I.G. eine gelegene Übergangslösung dar, das heißt ein Mittel, die Verluste bei der Benzinherstellung zu stoppen und die Gelder anzusammeln, um ein weiteres Produkt zum Renner auszubauen, nämlich Buna, das aus einheimischer Kohle hergestellte Gummifabrikat. Anders gesagt, schien die Autarkie dem Konzern die Chancen anzubieten, erstens zu retten, was vom strategischen Fehlgriff der früheren Jahre noch zu retten war, und zweitens die Produktzyklen wieder in den vertrauten Gang zu setzen, wodurch man sich nochmals eine beherrschende Stellung auf dem Weltmarkt zu erwirtschaften hoffte. Deshalb beschloß der Vorstand Ende 1934, die Treibstoffproduktion zu begrenzen und Lizenzen an andere Hersteller zu übergeben, die Produktion anderer synthetischer Produkte nur soweit zu steigern, um die vorhanden Marktanteile zu sichern und sonst das Hauptinteresse auf Buna zu richten, dabei aber umsichtig vorzugehen, bis Verbesserungen im Produktionsverfahren die Herstellungskosten unter die Kosten für das natürliche Rohprodukt getrieben hatten. Mittlerweile führte aber der Leitgedanke, die Autarkie als Postpferde zu reiten, zu den Ironien der Geschichte, daß ausgerechnet Carl Bosch, der den Rassismus und das Führerprinzip geringschätzte, nicht nur den ersten großen Geschäftsvertrag mit der Hitler-Regierung, den Benzin-Absatz- und Preisgarantiepakt vom Dezember 1933, unterzeichnete, sondern auch, vermutlich um seiner Firma den Weg zu bahnen, mehr oder weniger freiwillige Spenden von über zwei Mio. Mark an die NSDAP im Verlauf des Jahres billigte und einen immer wieder gedruckten Aufsatz im September veröffentlichte, in dem er die verbesserte wirtschaftliche Atmosphäre im Lande der Entschlossenheit des Führers und seiner Regierung zuschrieb.

Innerhalb weniger Jahre mußten Bosch und seine Mitarbeiter jedoch erkennen, daß die Entschlossenheit des Führers die I.G. in die Rolle des Pferdes anstelle des Reiters versetzt hatte. Spätestens 1936/37 hatte das Nazi-Regime nachdrücklich bewiesen, daß es den Primat der Politik zu verwirklichen verstand. Es war eine Wirtschaftsordnung geschaffen worden, in der die Institution des privaten Eigentums zwar beibehalten, die Verfügung und der Besitz aber dem Staat grundsätzlich immer zur Disposition standen. Im- und Exporte, Kosten und Preise, Löhne und Arbeitsbedingungen, Rohstoffvorräte, Kapitalanlagen und Devisen wurden behördlich überwacht. Neben Änderungen in der Steuerstruktur, der Begrenzung der Dividenden und der Vergrößerung der Staatsaufträge zielten diese Maßnahmen darauf, Investitionen in die Industriezweige und Produkte zu lenken, die das Regime für wichtig hielt. Dazu kamen die direkten Eingriffe in die Wirtschaft – beispielsweise die Gründungen der BRABAG zur Braunkohle-Hydrierung, der regionalen Unternehmen zur Herstellung von Kunstfasern und der ORGACID zur Fabrikation von Giftgas –, die das im Prinzip vorausnahmen, was später bei der Errichtung der Reichswerke Hermann Göring geschah. Am eigenen Leibe hatte der Großkonzern erfahren müssen, daß der Staat bereit war, seine eigenen Ziele zu verfolgen, egal ob die I.G. dabei mitwirken wollte oder nicht. Die offizielle Bezeichnung dieser Gegebenheiten als Selbstverwaltung der Wirtschaft war, wie Fritz Roessler Januar 1937 in seinen Aufzeichnungen notierte, schon ein Euphemismus geworden.

Angesichts des Wachstums der Staatswirtschaft und der anhaltenden Stagnation im Welthandel waren alle bedeutenden Chemiefirmen 1936/37 bestrebt, Einfluß auf den Wirtschaftsapparat in Berlin zu gewinnen, zumal sich die Niederlage des Wirtschaftsministers Hjlmar Schacht immer stärker in seinen Auseinandersetzungen mit Hermann Göring abzeichnete. Hier nun schien es der I.G. wichtig, zwei Ziele zu verfolgen. Einerseits war es dringend, sich Respekt vor wirtschaftlichen Interessen und geschäftlichen Kalkulationen in den meistens von Militärs oder Parteifunktionären besetzten Ämtern des frisch angekündigten Vierjahresplanes zu verschaffen. Deshalb begrüßte die Firma die Ernennung Carl Krauchs, des Chefs der Stickstoff- und Benzinsparte der I.G., zum Abteilungsleiter für Forschung und Entwicklung im Rohstoffamt der neuen Bürokratie und die darauffolgende Versetzung mehrerer Angestellter des Konzerns zu dieser Dienststelle.

Andererseits versuchte die I.G. gleichzeitig, Ausmaß und Schritt der Autarkiebestrebungen des Regimes zu mäßigen, da die Leiter der Firma immer noch die Ansicht vertraten, daß die echte Gesundung der Wirtschaft von der Wiederherstellung der Verflechtung mit dem internationalen Markt abhänge. Ende 1936 hatten sie merken müssen, daß die deutsche Industrie sich im ganzen erholt und den Produktionsstand von 1928 wieder erreicht hatte, die eigene Firma aber noch erheblich dahinter zurückgeblieben war. Ferner verbuchten zwei Hauptkonkurrenten im Ausland, DuPont und ICI, ein die I.G. in den Schatten stellendes Wachstum. Der Rückstand der I.G.-Farben im Vergleich zur nationalen und zur internationalen Wirtschaft hatte dieselbe Ursache: Deutschlands selbst verschuldete Außenhandelsprobleme. Deshalb empfahlen Georg von Schnitzler und Max Ilgner Hermann Göring am 19. August 1937, die deutschen Industrieinvestitionen zur Herstellung wirtschaftlicher Autarkie auf die Mitwirkung an der Industrialisierung unterentwickelter Länder zu verlegen, um diese Länder zu Käufern deutscher Exporte zu machen. Diese Initiative schlug völlig fehl, blieb aber ein zentraler Punkt in den Bemühungen des Konzerns, allerdings mit anderen Akzenten nach den Siegen von 1939/40.

Vom Standpunkt der I.G.-Farben waren Krauchs Anstrengungen kaum ergiebiger als Ilgners und Schnitzlers. Auf jeden Fall gehören die allgemein verbreiteten Behauptungen, der Vierjahresplan sei ein I.G.-Farben-Plan geworden oder habe eine neue Vormachtstellung der chemischen Industrie innerhalb der deutschen Wirtschaft begründet, zu den Legenden des Dritten Reiches. Erstens identifizierten sich die Angestellten, die nun für Göring arbeiteten, manchmal sogar Krauch, mehr mit ihren neuen Aufgaben als mit ihrem früheren Arbeitgeber. Zweitens fielen nur 20 bis 25 Prozent der Investitionen des Plans zwischen 1936 und 1942 der I.G.-Farben zu, und das trotz deren zentraler Bedeutung bei der Autarkie-Kampagne. Sogar bei der Zuteilung für die chemische Industrie allein machte der Anteil der I.G.-Farben weniger als ihr Anteil von 46 Prozent am nationalen Verkauf chemischer Produkte aus. Drittens wurde dem Konzern der Widerspruch zwischen den kurzsichtigen Anliegen des Staates und den langfristigen Geschäftsinteressen der Firma immer stärker bewußt. Nach 1936 erfolgte keine «Farbenisierung» der deutschen Wirtschaftspolitik, sondern eine Militarisierung des Großkonzerns, die ihren statistischen Niederschlag in den folgenden Zahlen fand: 1933 brachten die Konsumgüter-Abteilungen der I.G., das heißt Pharma, Foto-, Farbstoffe und Kunstdünger-Stickstoff, 71 Prozent der Gesamtumsätze des Konzerns ein und alle anderen Abteilungen, zum Beispiel Benzin, Buna, Schwerchemikalien, Leichtmetalle usw., 29 Prozent; 1943, das heißt zehn Jahre später, waren die Anteile fast genau umgekehrt. Bilanzmäßig und kurzfristig gesehen, ist diese kommerzielle Umwandlung enorm profitabel gewesen, in der Tat gewinnträchtiger als die Bilanzen aufwiesen. Wissenschaftlich oder vom Standpunkt der internationalen Konkurrenzfähigkeit dagegen, war die Tendenz mit dem Raubbau der Wirtschaft vergleichbar und sie führte zur Verzögerung und Verzerrung der weiteren Entwicklung. Statt sich ständig auf Produkte oder Verfahren mit den besten kommerziellen bzw. technischen Aussichten zu konzentrieren, führten die Firmen zunehmend nur die dringenden Bestellungen des Regimes aus. Wie Gottfried Plumpes Recherche zur I.G. vor kurzem im Detail zeigte, bestärkte der Trend die Verknöcherung der deutschen Industrie, die Harold James scharfsinnig für die gesamte Zwischenkriegszeit kennzeichnend findet.

Jedoch wurde der Konflikt zwischen privatwirtschaftlichen und staatspolitischen Zielsetzungen nie aufgehoben; er spitzte sich sogar im Krieg in mancher Hinsicht zu. Nichts ist gerade in diesem Zusammenhang bedrückender und lehrreicher als die Verwicklung der chemischen Industrie in die barbarische Arbeitspolitik Nazi-Deutschlands, die ihren moralischen Tiefstand bei der 1941 gegründeten I.G.-Farben-Fabrik Auschwitz erreichte. Entgegen der weitverbreiteten Auffassung hatte die Auswahl des Werksgeländes Auschwitz wahrscheinlich wenig mit der Nähe des später berüchtigten Konzentrationslagers zu tun. Der Konzern entschied sich für einen Standort 5 km östlich der Kleinstadt, da er einzig drei Kriterien zugleich entsprach:

1. Der Standort kam dem Befehl des Regimes vom November 1940 nach, den Bauplatz einer neuen Buna-Fabrik irgendwo in Schlesien zu finden und der Verzögerungstaktik der Firma bezüglich dieses Projektes sofort ein Ende zu setzen.
2. Der Standort konnte mit Kohle, Kalk und Wasser reichlich aus der unmittelbaren Nähe versorgt werden und lag an günstigen Fluß- und Eisenbahnverbindungen.
3. Der Standort bot eine in Schlesien geradezu einzigartige Ebene an, die sich für die Errichtung einer riesigen und integrierten Chemiefabrik mit Ausstoß von nicht nur Buna, sondern auch allerlei Zwischen- und Nebenprodukten der Karbid- und Azetylenbranchen gut eignete.

Nach Ansicht der I.G. mußte ein Gelände die Bedingungen 2 und 3 erfüllen, um die enormen Baukosten infolge von Bedingung 1, die aller Voraussicht nach dreimal so hoch wie im Rheinland wären, auszugleichen. Nur Auschwitz befriedigte alle Ansprüche. Daß die I.G.-Planer sich erst relativ spät in der Standortsfindung und dann nur flüchtig um die Beschaffung der Arbeitskräfte kümmerten, spricht jedoch nicht für ihre Unschuld in diesem Zusammenhang, sondern für das Gegenteil. Als ein Oberingenieur am 31. Januar 1941 nach einem Gespräch bei den zuständigen Behörden in Kattowitz die erste aktenmäßige Spur von diesem Thema hinterließ und etwas resigniert schrieb «Polen und Juden werden als Bauarbeiter eingesetzt werden müssen», registrierte er nur, wie selbstverständlich der Einsatz von Zwangsarbeitern in der deutschen Industrie schon geworden war. Wie Schering, Siemens und die I.G.-Kunstseidenfabrik Aceta in Berlin schon 1939/40 angefangen hatten, angesichts des leer gefegten Arbeitsmarktes in der Hauptstadt deutsche Juden und sogenannte Ostarbeiter von den Arbeitsämtern zu diskriminierenden Löhnen und Arbeitsverhältnissen anzunehmen bzw. zu bestellen, war die I.G. nun ohne große Bedenken bereit, den nächsten Schritt zu tun und den Arbeitermangel in Schlesien durch direkten Kauf von der SS zu beseitigen. Noch schlimmer, der Konzern gab damit dem Reichsführer SS einen Beweggrund, das KZ Auschwitz zu erweitern, was einige Monate später darauf hinauslief, daß es auch zum Zentrum des Massenmordes wurde.

Mit anderen Worten, die Bestrebungen der I.G.-Farben, sich für die Nachkriegskonkurrenz auszurüsten, führten unter den kriegs- und ideologiebestimmten Bedingungen zur zunehmend brutalen Ausnutzung von schlecht- bzw. unentlohnten Zwangsarbeitern, die letztens nicht viel mehr galten, als verbrauchbarer Rohstoff und dies nicht nur bei Auschwitz. Auch in Leverkusen zum Beispiel fühlte sich Hans Kühne nach dem Fehlschlag seines Plädoyers für die Forcierung der deutschen Frauenbeschäftigung dazu gezwungen, Zwangsarbeiter herbeizuschaffen, um den Plan der Regierungsstellen abzuwenden, die Herstellung von Zivilprodukten wie Aspirin auf die relativ unbenutzten Fabriken der französischen Konkurrenten zu verlegen. In diesem Fall, wie bei Degussas Ausnützung jüdischer KZ-Häftlinge in der Gleiwitzer Rußfabrik, ließen die Unternehmer sich von privatwirtschaftlichen und kriegswichtigen Interessen leiten, mit dem Ergebnis, daß sie an der Barbarei des Dritten Reiches zunehmend teilnahmen.

Die kumulative Radikalisierung des Nazi-System spiegelte sich auch in der Privatwirtschaft wider. So gesehen bleibt die Lektion dieser Geschichte höchst relevant für die Gegenwart und die Zukunft. Die Manager der I.G.-Farben und anderer Gesellschaften, die sich in die Komplizenschaft mit den Verbrechen des Nazi-Regimes verwickeln ließen, benahmen sich meistens so, nicht aus grober Machtlust oder nationaler bzw. rassistischer Besessenheit, sondern meines Erachtens aus menschlichen Schwächen – vor allem einer Flucht in die Ich-Bezogenheit und die Sekundärtugenden wie Fleiß und Pflicht und aus ihrer Bereitschaft, sich nach den gegebenen Tatsachen zu richten. Daher scheint es mir sehr von Nutzen, insbesondere Studenten an die Gefahren solcher Impulse zu erinnern, auch Jahrzehnte nach der für das deutsche Volk katastrophalen Ära des sogenannten Dritten Reiches und nach der Zerlegung des Konzerns, der jenem verhängnisvollen Reich bis zum bitteren Ende diente.

AVRAHAM BARKAI

Die «stillen Teilhaber» des NS-Regimes

Peter Hayes hat mir ziemlich wenig Material zum kritischen «Anbeißen» gelassen. Aber trotzdem werde ich mir drei bis vier Bemerkungen zu seinem Referat vornehmen. Am Beispiel der Chemie hat Peter Hayes, wie auch schon frühere Referenten dieser Tagung, vorzüglich die Dynamik der kumulativen Verstrickung der deutschen Unternehmer oder der Elite der deutschen Unternehmer in die Verbrechen des nationalsozialistischen Regimes demonstriert. Zwar war ihr Verhalten ein Teil des breiten Regimekonsensus in der Bevölkerung, aber ihre wirtschaftliche Stellung verlieh ihnen mehr Einfluß und daher größere Verantwortung als dem deutschen Durchschnittsbürger. Wie bei allen, war auch das persönliche Verhalten der Spitzenunternehmer durch ihre Erziehung, durch ihren persönlichen Charakter und durch ihre ideologische Einstellung bestimmt. Bei ihnen kamen auch Normen traditioneller Kaufmannsmoral ins Spiel. Harold James und Marie-Luise Recker haben diesen Aspekt hier bereits hervorgehoben.

All dies mag zu manchem Gewissenskonflikt gegenüber den wirtschaftlichen Interessen geführt haben, aber am Ende überwog bei den meisten die zweckdienliche Sachlichkeit des kurz- oder langfristigen ökonomischen Kalküls. So wurden sie willig oder widerwillig zu den «stillen Teilhabern» des nationalsozialistischen Regimes. Danach im Kriege steigerte sich diese Teilhaberschaft bis zur Rolle «einer Schlüsselfigur der niedergetretenen Rechtsordnung, die Rolle des aktiv willfährigen Gehilfen». Das Zitat stammt aus einem berühmten Plädoyer von Otto Küster, das «Plädoyer für das Minimum der Menschlichkeit» im Prozeß von Norbert Wollheim gegen I.G.-Farben vor dem Frankfurter Landesgericht im November 1951.[1]

Henry A. Turner hat ein Plädoyer für die Nachsicht gehalten und es wurde gefragt, wo ist denn eigentlich die Grenze dieser Nachsicht? Ich glaube, die Grenze dieser Nachsicht ist in diesem Plädoyer von Otto Küster enthalten: Das Minimum der Menschlichkeit! und da ist die Frage nicht, «was konnten eigentlich die Unternehmer tun?» oder «was sollten sie denn eigentlich unter den bestehenden Bedingungen tun?», sondern «was durften sie unter keinen Umständen tun?». Darüber, daß es Handlungsspielräume gab, ha-

1 Otto Küster, *«Das Minimum der Menschlichkeit. Plädoyer.»*, in: Wolfgang Benz und Barbara Distel (Hrsg.) *Dachauer Hefte 2, Sklavenarbeit im KZ*, Dachau 1986, 156–174, hier 158.

ben wir bereits von Hans Mommsen gehört, und der Fall von Robert Bosch ist auch einer dieser Illustrationen der trotz allem bestehenden Handlungsspielräume.

Mit dem Begriff des stillen Teilhabers oder in Englisch des «sleeping partner» versuchte ich vor etwa 20 Jahren die Rolle der Großunternehmer in der Diskussion mit den marxistischen oder neomarxistischen Agententheorien zu definieren[2], über die Henry A. Turner während dieser Veranstaltung sprach. Schon Ende der sechziger/Anfang der siebziger Jahre war dies ein sehr brisantes Thema in Westdeutschland. Gut, das Stamokap-Konzept ist ein Anachronismus. Kein ernsthafter Historiker wird heute noch die Auffassung des grob verallgemeinernden Faschismus als Agenten des Monopolkapitals ernstlich aufrecht erhalten. Dagegen finde ich die These der stillen Teilhaberschaft in vielen neueren Detailstudien jüngerer Historiker bestätigt. Einen Teil davon haben wir auch hier auf dieser Tagung mitbekommen.

Diese stille Teilhaberschaft besagt nicht mehr, aber auch nicht weniger, als daß sich die Großunternehmer und ihre bis dahin einflußreichen Interessenverbände erstaunlich schnell mit dem nationalsozialistischen Regime und seinem dirigistischen Wirtschaftssystem engagierten. Um den Preis schnell ansteigenden hohen Profits verzichteten sie nicht nur auf ihr politisches und auch ihr wirtschaftspolitisches Mitspracherecht, sondern auch auf einen beträchtlichen Teil ihrer Unternehmerinitiative und ihrer betriebswirtschaftlichen Entscheidungsfreiheit. Die ungewöhnlich hohen Profite, besonders der I.G.-Farben, hat Mark Spoerer in einer unlängst erschienenen interessanten Studie sehr überzeugend statistisch nachweisen können.[3]

Die Faschismusforschung in der ehemaligen DDR hat versucht, branchenspezifische Unterschiede im Verhalten der Unternehmer aufzudecken, und dabei erschien, zum Beispiel in den Arbeiten von Jürgen Kuczyinsky, Kurt Gossweiler oder Eberhard Czichon, die Chemie als export- und freihändlerisch orientierter Industriezweig, als der weniger reaktionäre Teil des Großkapitals, weil er dem dirigistisch-autarkischen Wirtschaftskonzept der NSDAP mißtraute[4]. Peter Hayes hat in seinen Arbeiten und auch hier in seinem Referat diese Schematisierung ernstlich hinterfragt und bewiesen, daß es auch in der Chemie solche Tendenzen gab. Beispielsweise die Entwicklung der Er-

2 Avraham Barkai, *Das Wirtschaftssystem des Nationalsozialismus. Ideologie, Theorie, Politik 1933–1945,* Frankfurt am Main ^{2}1988, S. 23.

3 Mark Spoerer, *Vom Scheingewinn zum Rüstungsboom. Die Eigenkapitalrentabilität der deutschen Industrieaktiengesellschaften 1925–1941,* Stuttgart 1996, 51 f.

4 Jürgen Kuczynski, *Klassen- und Klassenkämpfe im imperialistischen Deutschland und in der BRD,* Frankfurt am Main 1972; Kurt Grossweiler, *Die Rolle des Monopolkapitals bei der Herbeiführung der Röhm-Affäre,* Diss. Berlin 1963, bes. 287 f.; Eberhard Czichon, *Wer verhalf Hitler zur Macht?,* Köln 1967, 18 ff.

satzstoffproduktion, die mit der auf dem Binnenmarkt orientierten Wirtschaftsauffassung und Wirtschaftspolitik des neuen Regimes sehr gut vereinbar war. Und damit verlagert sich die Beurteilung der unterschiedlichen Beziehungen zum Hitler-Staat und der Kooperation mit ihm immer noch mehr von den rein ökonomischen Motiven auf die Ebene ideologisch-politischer und persönlicher Einstellungen und Wertmaßstäbe der maßgeblichen Manager.

Was die Hauptaktionäre und Manager von I.G.-Farben im Kriege verbrecherisch mitmachten und teilweise auch initiierten, das wäre 1933 und auch noch 1936 völlig undenkbar gewesen. Carl Bosch konnte 1933 den Benzinvertrag mit der neuen Regierung durch eine Millionenspende oder Zweimillionen-Spende an die NSDAP ölen und gleichzeitig in persönlicher Konfrontation – wie überliefert ist – mit Hitler die antijüdischen Maßnahmen scharf kritisieren.[5] Er war auch an den von Max Warburg organisierten Bemühungen einer Gruppe einflußreicher deutscher Wirtschaftsführer beteiligt, die versuchten die antijüdischen Maßnahmen zu mildern.[6] Da Bosch 1940 im Alter von 66 Jahren starb, blieb sein *persönliches* Andenken unbefleckt von der späteren Verstrickung seiner Firma in die rassistischen Vernichtungsmaßnahmen.

Diese stufenweise Verstrickung gehört zum Prozeß der kumulativen Radikalisierung, die schließlich zum Massenmord der europäischen Juden führte. Es war in erster Linie ein durch Ideologie und Propaganda vorangetriebener sozio-psychologischer Prozeß des Abbaus der moralischen Normen und Hemmschwellen innerhalb der deutschen Bevölkerung. Und dies erklärt auch die erst zögernden und relativ fair durchgeführten Arisierungen der jüdischen Chemiebetriebe im sogenannten Altreich, über die hier von Degussa und anderen Firmen berichtet wurde, im Gegensatz zu der späteren skrupellosen Komplizität bei der brutalen «Entjudungspolitik» in Österreich, im tschechischen Protektorat und in den besetzten Ländern. Dieser Aspekt der «Arisierungs-Nutznießer» ist bisher noch ein wenig erforschtes Gebiet. Darüber sprach Harold James im Falle der Banken. In der letzten Zeit hat Frank Bajohr für die Hamburger Unternehmer diese Arisierungen im eroberten Ausland sehr gründlich untersucht.[7] Im Falle der Degussa oder deren Tochterfirma «Degesch» wurden

5 Peter Hayes, *Industry and Ideology, I.G.-Farben in the Nazi era*, Cambridge UP, 1987, 92 (aufgrund eigener Aussagen von Carl Bosch in der Reihe dort angegebener Quellen.).

6 Ders., *«Big Business an ‹Aryanization› in Germany 1933–1939»*, in: *Wolfgang Benz* (Hrsg.), *Jahrbuch für Antisemitismusforschung 3*, 1994, 257 f.; Avraham Barkai, *Max Warburg im Jahre 1933, Mißglückte Versuche zur Milderung der Judenverfolgung*, in: Peter Freimark u. a. (Hrsg.), *Juden in Deutschland, Emanzipation, Integration, Verfolgung und Vernichtung*, Hamburg 1991, 390 ff.

7 Frank Bajohr, *The Beneficiaries of ‹Aryanization›. Hamburg as a Case Study*, Yad Vashem Studies XXIV (1997).

auch ihre technologischen Kapazitäten in den Vernichtungsprozeß mit einbezogen.[8]

Das Verhalten der Unternehmer war somit ein Teil des allgemeinen, wenn auch manchmal etwas reservierten Konsensus. Aber die kritische Bedeutung besonders der kriegswichtigen Produktionszweige für den Verlauf und die Dauer des deutschen Eroberungs- und Vernichtungskrieges steigerte die Verantwortung der beschlußfassenden Unternehmer bis zu ihrer Rolle als «aktiv willfährige Gehilfen», wie bei dem Menschenleben-verschleißenden Einsatz von Fremdarbeitern, Kriegsgefangenen und der «Vernichtung durch Arbeit» jüdischer KZ-Häftlinge in Auschwitz und anderswo. Deswegen lag ihre Schuld weit über der von denjenigen Deutschen, die nur Zuschauer oder Wegseher waren.

8 Hayes, *Industry* (wie Anm. 35), 36 ff.; Raul Hilberg, *Die Vernichtung der europäischen Juden,* Frankfurt am Main 1990, 949 f.

ANTHONY NICHOLLS

I. G. und NS – eine merkwürdige Ambivalenz

Ich bin selbst auf dem Gebiet der Unternehmensgeschichte der Chemie kein Spezialist, und deswegen möchte ich mich auf einige allgemeinere Anmerkungen beschränken. Peter Hayes weist in seinem Beitrag darauf hin, daß vor 1932 die Vorstände mancher Chemieunternehmen die Weimarer Parteien unterstützt haben und gegenüber der Nazi-Bewegung sehr zurückhaltend waren. Ob dies aber die Folge einer demokratisch-republikanischen Überzeugung war oder vielmehr ein Beispiel des selben Pragmatismus, den Peter Hayes in der Frühgeschichte des Dritten Reiches entdeckt hat, bleibt offen. Vernunftrepublikaner gab es in vielen Teilen des Bürgertums, überzeugte Anhänger der neuen Weimarer Staatsform waren weniger verbreitet. Zweifellos hängt das von den verschiedenen Meinungen der einzelnen Wirtschaftsführer ab. Und wir haben hier viel über Robert Bosch erfahren, es war aber klar, daß er wegen seiner linksliberalen Einstellung, die er schon vor dem Ersten Weltkrieg entwickelt hat, eine Ausnahme war. Es ist aber nicht uninteressant, daß Leiter der Chemiebranche, wie viele der Wirtschaftsführer in Deutschland, anscheinend ihre ideale Lösung der deutschen politischen Krise 1932 in der Papen-Regierung erblickt haben, einer Regierung die alles andere als demokratisch eingestellt war, und die ihre Verachtung für die Errungenschaften von Weimar mit dem Staatsstreich in Preußen und mit ihrer sanften Behandlung der SA bald unter Beweis stellte.

In der Tat scheinen die Forschungsergebnisse, die wir jetzt vor uns haben, auf eine merkwürdige Ambivalenz seitens der Industrie gegenüber dem Nationalsozialismus hinzuweisen. Auf der einen Seite hegten viele der Wirtschaftsführer Mißtrauen gegenüber der NSDAP, weil sie befürchteten, der Nationalsozialismus werde ihren Besitz und ihre Freiheit als Unternehmer beschränken. Gleichzeitig aber waren die Vernichtung der Gewerkschaften nach der Machtergreifung und die Wiederherstellung von Selbstbewußtsein und Optimismus in der nationalen Wirtschaft sicher Pluspunkte für die Regierung, die auf Menschen, die die schwerste Wirtschaftskrise in der deutschen Geschichte erlebt hatten, ihre Wirkung nicht verfehlte. Selbstverständlich ist es kaum erstaunlich, daß Unternehmer in Deutschland versuchten, die Möglichkeiten auszunutzen, die sich in der angeblich nationalen Revolution von Hitler anboten, und Peter Hayes hat uns hier ein glänzendes Beispiel geliefert, nämlich die Rettung der sonst unrentablen Versuche der I.G.-Farben, die Entwicklung von synthetischen Treibstoffen aus einheimischer Kohle. Hitlers Autarkiepolitik schien damals der Rettungsanker zu sein, mit dem die I.G.-Farben ihre wirtschaftlichen Probleme lösen konnte.

Hier aber stoßen wir auf eine Schwierigkeit. Diese Autarkiepolitik war mit den Grundprinzipien der klassischen Wirtschaftstheorien, die die Unternehmer während der Weimarer Zeit gegenüber den Gewerkschaften vertreten hatten, nicht zu vereinbaren. Wilhelm Roepke, der tapfere Verteidiger der freien Marktwirtschaft, der sehr bald nach der Machtergreifung ein Opfer der NS-Säuberung wurde, schrieb damals in einer Darstellung der deutschen Handelspolitik, das heißt der NS-Handelspolitik, daß es bei vorhandenem Willen selbstverständlich möglich sei, Orangen in Schottland anzubauen. Ein solches Verfahren sei aber von dem national-ökonomischen Standpunkt reiner Unsinn. Die Autarkiepolitik des Dritten Reiches sollte in demselben Licht betrachtet werden. Roepkes Urteil würde von den meisten Wirtschaftshistorikern heute geteilt werden. Nach den Worten von Friedrich Meinecke waren die Errungenschaften des Dritten Reiches schon im Jahre 1945 in nichts zerronnen. Die Untersuchungen unserer Kollegen im Bereich der Wirtschaftsgeschichte beweisen, daß diese Feststellung auch für die NS-Wirtschaft gilt.

Es läßt sich aber fragen, inwieweit damals die Unternehmer selbst dieser Entwicklung der Autarkie in der NS-Wirtschaft kritisch gegenüberstanden? Peter Hayes zeigte, daß die Unternehmer vernünftige Lösungen vertreten wollten, aber anerkennen mußten, daß die NS-Bewegung die eigentliche Macht besaß, und daß sie aus menschlicher Schwäche an der NS-Wirtschaftspolitik teilnahmen, was bis hin zur schrecklichen Zusammenarbeit mit den SS-Führern während des Zweiten Weltkrieges führte. Ich finde diesen Teil seiner Darstellung nicht ganz überzeugend. So wäre es sicherlich falsch zu sagen, der Vierjahresplan sei ein I.G.-Farben-Plan geworden. Doch die Zusammenarbeit der Firma mit Görings Behörde und die Anteile der I.G. an dem Gesamtplan scheinen mir etwas bedeutender zu sein, als Hayes vielleicht glauben möchte. Die Vorstellung, daß man durch eine Mischung von staatlich gelenkter und privatwirtschaftlicher Produktion risikolose Gewinne erzielen könne, hat sicherlich zu der Bereitwilligkeit beigetragen, mit der die Leitung von I.G.-Farben die NS-Regierung unterstützt hat.

Die Vorstellung von einem stabilen, geschützten Markt, abgeschirmt vom ausländischen Wettbewerb, war mit der Praxis des deutschen Unternehmertums vor 1933 nicht ganz unvereinbar. Daß die Nachteile einer solchen Politik in der Praxis von der Leitung der I.G.-Farben erkannt worden sind, hat Peter Hayes in seinem Beitrag bewiesen. Es scheint mir aber nicht uninteressant zu sein, daß die Lösung, die von I.G.-Vertretern vorgeschlagen wurde, nicht die Wiedereingliederung Deutschlands in die Weltwirtschaft war, sondern die Beherrschung von Märkten in unterentwickelten Ländern, die keine Konkurrenz mit deutschen Fabrikaten darstellen würden.

Diese wirtschaftspolitische Kultur des Protektionismus war keine nationalsozialistische Erfindung, sondern hatte seine Wurzeln im Kaiserreich und dauerte bis in die Anfangsphasen der Bundesrepublik. Die Wandlung in der deutschen Wirtschaft nach 1948 kann als Amerikanisierung betrachtet werden, oder man kann sie auch mit der Annahme von Ludwig Erhards sozialer Marktwirtschaft verbinden. Es ist in jedem Fall eine der positivsten Entwicklungen in der deutschen Wirtschaftsgeschichte des 20. Jahrhunderts.

Zuletzt möchte ich auf eine wichtige Feststellung in Peter Hayes' Beitrag hinweisen, nämlich den Primat der Politik. Trotz der Wichtigkeit der I.G.-Farben und der Chemieindustrie für die deutsche Wirtschaft wurden die Firma und ihre Konkurrenten sehr bald eher Diener als Herrscher in dem NS-Staat. Nachdem Hitler seine Diktatur in Deutschland gefestigt hatte, waren weder der Einfluß des Unternehmertums noch die klassischen Gesetze der Marktwirtschaft imstande, die Macht der NS-Diktatur einzuengen. Um so verhängnisvoller waren deswegen die Entscheidungen der Jahre 1930 bis 1933, die die Fortsetzung eines fehlerhaften, aber doch im Grunde genommen anständigen politischen Systems unmöglich gemacht haben. Diese Entscheidungen waren eher politischer als ökonomischer Art, wurden aber von der Mehrheit der Unternehmer entweder begrüßt oder geduldet. Jedes politische System muß stark genug sein, Krisen zu überwinden. Die Vorstellung, daß eine Demokratie nur überleben kann, wenn es ständiges Wirtschaftswachstum gibt, so daß man das Publikum mit immer mehr Wohlstand abspeisen kann, hat sich heute als falsch erwiesen. Ralf Dahrendorf wies neulich darauf hin, daß eine Demokratie nur als stabil betrachtet werden kann, wenn sie nicht von ihren Bürgern mit wirtschaftlichem Erfolg identifiziert werde. «Demokratie», schreibt er, «macht uns frei, aber es ist nicht notwendig, daß sie uns reich macht.» Wir mögen die menschlichen Schwächen der Unternehmer im Dritten Reich von verschiedenen Standpunkten aus beurteilen, im großen und ganzen aber war der Mangel an wirklich liberalen Wirtschaftsprinzipien auf der einen und wirklich liberalen Überzeugungen auf der anderen Seite; also das, was für die deutsche Wirtschaft und das deutsche Volk so verhängnisvoll war.

Podiumsdiskussion

Guido Knopp

Das Thema, über das wir reden, ist aus einem Grunde aktuell wie nie: Ob Degussa oder Allianz, es ist von zunehmendem Interesse. Nicht nur international, vor allem aber auch national, wie sich deutsche Unternehmen in der Nazi-Zeit insbesondere in Sachen Holocaust verhalten haben. Das ist die Gretchenfrage, in die alles andere mündet. Die Frage nach Schuld und Mitschuld, nach Täterschaft, Mittäterschaft, nach historischer Verantwortung und nach Verstrikkung. Wir können diese Fragen noch stellen, solange die letzten Zeitzeugen noch leben, in fünfzehn, spätestens zwanzig Jahren leben sie nicht mehr.

Welche Schuld haben Unternehmen in der Nazi-Zeit auf sich geladen? Wie hat sich das einzelne Unternehmen mit dieser Schuld auseinandergesetzt? Wie kann und wie soll es sich in Zukunft auseinandersetzen?

Klaus Hildebrand

Die Reichsbahn war kein typisches Unternehmen im privatwirtschaftlichen Sinne, sondern eher, wie ich zu zeigen versucht habe, das Gegenteil. Natürlich aber verstrickt in das Regime, auch in sein schwierigstes, dunkelstes Kapitel. Die Geschichte der Reichsbahn im Dritten Reich, insbesondere im Zweiten Weltkrieg, ist auch bislang schon bearbeitet worden, zum Teil sogar sehr minutiös, teilweise veröffentlicht, teilweise nicht. Das Kapitel unter dem Stichwort Holocaust, ist lange Zeit nicht genügend intensiv untersucht worden, und das muß jetzt getan werden.

Hans Mommsen

Vielleicht noch eine Anmerkung, daß die Deutsche Reichsbahn 1939 über keinen größeren Lokomotiv- und Waggonpark verfügte als im Jahre 1933. Das bedeutete und implizierte notwendigerweise die Beschlagnahme und die Benutzung der Eisenbahnsysteme der besetzten Länder, und insofern ist dieser Zahlenvergleich vielleicht auch bei einer Betrachtung der Reichsbahngeschichte wichtig.

Nun zur Sache, ich würde nicht zu sehr von Schuld und Verantwortung reden. Avraham Barkai hat den Begriff der «stillen Teilhaberschaft» beigetragen. Das Gesamtergebnis dieser notwendigerweise nur Teile der Industrie betreffenden Erwägungen liegt wohl darin, daß, ähnlich wie bei der Wehrmacht, nicht etwa gesagt werden kann, es sind einzelne Unternehmer, die sich dem Nationalsozialismus angedient oder an den Hals geworfen haben. Wir stellen fest, daß unter Bedingungen, die näher zu definieren sind, eine weitgehende Konvergenz zwischen industriellen Interessen und Politik des Nazi-Regimes aufgetreten ist. Wobei dann bei einzelnen Unternehmen – bei Daimler-Benz ist das sichtbar – in der späten Kriegsphase eine innere Abwendung erfolgt, bei gleichzeitiger Einbindung in das kriegswirtschaftliche System.

Die Diskussion hat gelegentlich immer noch die Vorstellung im Hintergrund, ein einzelner Unternehmer wie Robert Bosch hätte nun die Dinge wenden können. Wir haben ja immer die Situation innerhalb des Dritten Reiches, daß vergleichsweise kleine, sehr fanatisierte Gruppen den Rest unter Zugzwang setzten, so daß folglich die Risikobereitschaft einzelner, sich der Politik, wo sie ins Verbrecherische abgleitet, zu widersetzen nicht groß genug ist und dann die Verstrickung auch in kriminelle Aktionen erfolgt. Ich würde also sehr stark dafür plädieren, die Gedankengänge von Avraham Barkai fortzusetzen, die vergleichende Betrachtung weiterzuführen und dann zu einem gewissen Pattern zu gelangen, von Verhalten von Unternehmen, zumal der Begriff der Unternehmer auf diese Wirtschaftsstruktur nicht unbedingt angemessen ist, sondern der des Managements. Wir müssen angeben können, wann die Erwartung einer Rückkehr zur Friedenswirtschaft wechselt, wann man sich auf einen langfristigen Krieg einstellt, wann das sich wieder verkehrt. Wir können auch eine Typologie der Haltung gegenüber der Beschäftigung von sowjetischen Kriegsgefangenen, italienischen Militärinternierten, Ostarbeitern und schließlich auch KZ-Insassen, und hier jüdischen KZ-Insassen, aufstellen. Wir können auch zeigen, in welchen Bereichen das stärker oder weniger stark ist, und welche Zwänge dazu geführt haben und welche bestimmten Bedingungen es auch einzelnen Betrieben ermöglicht haben, diesen Weg nicht zu wählen, wobei sowohl ideologische wie moralische Faktoren offenbar eine eher untergeordnete Rolle spielen. Mit einer solchen Typologie würde man sehr viel weiter kommen und auch verstehen, warum trotz der immer weiter um sich greifenden Ineffizienz dieses kriegswirtschaftliche System bis zum letzten Moment auf hohen Touren gelaufen ist. Und hohe Touren bedeutet, unter den Bedingungen von 1942 an, um es sehr deutlich zu sagen, mit menschenmörderischen Konsequenzen.

Peter Hayes

Ich ziehe natürlich das Wort «Mitverantwortung» vor, weil Schuld eigentlich ein juristischer Begriff ist und mit der Frage vom Bestrafen einhergeht, was nicht Aufgabe der Historiker ist. Mitschuld ist wohl der Begriff, den ich verwenden würde. Was Moral in der Geschichtsschreibung anbelangt, ist das ein sehr interessantes Thema. Ich kann mich heute nur den Worten Avraham Barkais anschließen: Verurteilen gehört nicht zu unserem Beruf, aber Beurteilen ist nötig in unserem Beruf. Ansonsten geht der Sinn der Geschichten, die wir erzählen, vollkommen verloren. Und wir müssen bei allen Schwierigkeiten den Mut haben zu sagen, daß es erklärbar ist und wie es so weit kommen konnte. Es ist in diesem Sinne verständlich, aber das heißt nicht, daß wir einseitig Nachsicht gegenüber den Menschen üben, die sich in dieser Lage befunden haben. Es gibt auch Ansprüche der Nachsicht auf der anderen Seite, was ich natürlich nicht noch weiter zu erklären brauche.

Ein Problem in diesem Bereich ist gerade, daß unser Thema so lange in der Öffentlichkeit und auch in der Zunft selber instrumentalisiert und politisiert worden ist. Ich bin in den letzten Tagen ein bißchen überrascht gewesen, als ich immer wieder gefragt wurde, warum ist es dazu gekommen, daß die Menschen sich für diese Sache neuerdings so interessieren? Ich kenne dieses Gebiet aber seit 1978, für mich ist es nicht so neu. Aber es ist schwierig zu erklären, wie schwer es damals war, Firmengeschichte zu schreiben oder überhaupt den Versuch zu unternehmen, sich in die Mentalität der Menschen dieser Zeit hineinzuversetzen. Wenn man das überhaupt damals versuchte, wurde man praktisch als Faschist angeprangert. Wir sind seitdem sehr weit mit diesem Thema gekommen, und das finde ich sehr gut. Die Politisierung der Sache ist fehl am Platz. Die Moralisierung der Sache aber ist, meines Erachtens, angebracht.

Harold James

Man hört oft in dieser Diskussion die Meinung, daß Unternehmenspolitik nur von der Spitze gemacht wird: von ganz oben, und daß die Manager an der obersten Spitze alles entscheiden könnten. Im Fall der deutschen Banken ist das ganz eindeutig nicht der Fall, denn es gab auch großen Druck seitens der Belegschaft, seitens der Kundschaft, seitens der Einleger, der die Politik der Manager eigentlich eingeengt hat. Man sollte – vielleicht ist das eine allgemeinere Beobachtung – eigentlich nicht annehmen, daß der Kapitalist oder der Unternehmer in der Marktwirtschaft sich einzig auf sich berufen kann. Dies ist ein konstantes Spiel mit anderen Kräften, eine Reaktion auf das, was in der Gesellschaft, in der Politik vor sich geht. In diesem Sinne sollte man nicht einen Gegensatz von Unternehmern auf der einen Seite und Politik auf der anderen

Seite konstatieren. Die Unternehmensentscheidungen sind auch beeinflußt durch das, was sozialpolitisch vorstellbar ist. Das ist eine der schwierigsten Fragen, die wir beantworten müssen. Dazu müssen wir uns in diese Zeit, also in jene Zwischenkriegszeit zurückversetzen, denn die Voraussetzungen der damaligen Zeit sind eigentlich ganz anders gewesen als heute. Damals hat man geglaubt, das Scheitern des liberalen Wirtschaftssystems zu sehen. Anthony Nicholls hat das auch sehr einleuchtend ausgeführt, daß entweder ein autoritärer Korporatismus von Rechts in der Zukunft entstehen würde oder ein Korporatismus von Links, wie es in der Sowjetunion gemacht wurde. Also die Marktwirtschaft schien in der Zwischenkriegszeit, besonders in der Zeit der großen Weltwirtschaftskrise, gescheitert zu sein, und diese Einflüsse, diese Meinungen haben dann natürlich auch bei den unternehmerischen Entscheidungen eine große Rolle gespielt. Jetzt, da wir auf das Scheitern des korporativen Experiments zurückblicken, und, ob das von Rechts oder von Links ist, hinausblicken, haben wir natürlich ein ganz anderes Gefühl dafür, was meines Erachtens auch ein Teil der Antwort auf die Frage ist: Warum es jetzt aufkommt, warum man jetzt interessiert ist. Das ist ein Teil der Reaktion auf eine Zeit, die man eigentlich, was die Gedanken, die Ideenwelt anbelangt, nicht mehr so richtig versteht.

Klaus Hildebrand

Ich möchte noch einen Gedanken anfügen. Ganz nüchtern zu der Frage, warum beschäftigen wir uns jetzt damit? Geschichtswissenschaft hängt natürlich von den äußeren Verhältnissen ab, aber sie hat auch ganz einfach ihre immanenten Entwicklungen. Es ist so verlaufen, daß man sich erst mit dem Staat und dessen Akten, die dann Anfang der sechziger Jahre zugänglich wurden, beschäftigt hat: mit der Außenpolitik, mit der Innenpolitik, mit der Wehrmacht, der Rassenpolitik, mit dem Versagen maßgeblicher Institutionen. Dann rückte der gesamte Bereich des Gesellschaftlichen ins Blickfeld, und jetzt sind wir bei der Wirtschaft. Natürlich nicht losgelöst von allem anderen, aber es sind auch einfach immanente Entwicklungen, welche den Gang der Forschung prägen. Und man braucht kein Prophet zu sein, um dies zu sagen: Die nächste Stufe wird eine Frage aufnehmen, die die Menschen unmittelbar nach 1945 – ich denke an Heyeck oder Röttge – beschäftigt hat. Das wird diejenige nach den anthropologischen Bedingungen sein, die Frage nach der Gemeinheit der Menschennatur, um Röttge zu zitieren, und den Fragen ihrer Ermöglichung des Schrecklichen. Also ich will sagen, daß die Fragen, die uns jetzt interessieren, nicht unbedingt diejenigen waren, die eine andere Historikergeneration wie Karl-Dietrich Bracher beispielsweise beschäftigt haben. So hat sich das *auch* vollzogen, ohne bestreiten zu wollen, daß die immanente Entwicklung in einem osmotischen Zusammenhang mit den Zeitläufen steht.

Henry A. Turner

Zurückzukommen auf die Frage der Verantwortung und der moralischen Beurteilung, möchte ich noch eine große Frage anschneiden: Inwieweit hat die Struktur von modernen Unternehmen eine Rolle gespielt. Inwieweit hatten Einzelunternehmer die Möglichkeit, in Korporationen großer Unternehmen moralische Gesichtspunkte zum Ausdruck zu bringen, wenn viele Entscheidungen Kollektiventscheidungen waren? Gab es etwas in den Strukturen dieser Unternehmen, die zu einer Erklärung, von dem was geschehen ist, beitragen können?

Hans Mommsen

Über die Frage der Willensbildung an der Konzernspitze bzw. Unternehmensspitze, wissen wir genau genommen bisher relativ wenig. Einerseits weil die Unterlagen bis auf wenige Gesellschaften wie Daimler-Benz für diese Spitzenentscheidungen außerordentlich diffizil sind, namentlich für die späte Phase. Zum anderen weil sich unter NS-Bedingungen dann eben auch eine Dominanz im Sinne einer Analogie zum Führerprinzip durchgesetzt hat, so daß gleichsam die Erörterung von Führungsentscheidungen in der klassischen Art der Weimarer Zeit vermutlich sehr stark differiert. Das ist aber nur eines der Probleme.

Das andere Problem muß noch erörtert werden. Nämlich wie weit war der Spielraum des Managements gegenüber den Rüstungskontrollbehörden? Denn ich meine, sowohl über die Rüstungskontrolle als auch über die Verteilung von Rohstoffen und schließlich von Arbeitskräften, war ja der Handlungsspielraum von Unternehmern oder Unternehmungen unter den Vorständen sehr stark eingeengt. Insofern bedarf es der Untersuchung vieler einzelner Fälle, um eine konkrete Vorstellung davon zu gewinnen, wo die Unternehmensführungen eine Möglichkeit hatten, bestimmte Prozesse einzuleiten oder zu verhindern. Die bisherigen Arbeiten geben dazu einige Anschauungen. Wir haben für Volkswagen zwei Beispiele, daß es sicherlich nicht notwendig war, die Aluminiumgießerei mit KZ-Arbeitern zu beginnen, sondern daß das Motiv ausdrücklich in rüstungsfremden Hintergründen zu suchen ist. Dieses läßt sich gelegentlich isolieren und zeigt, daß bestimmte Freiräume gegeben waren, die allerdings vermutlich gegen Ende des Krieges in die Herrschaft des Jägerstabes übergegangen sind. Andererseits wäre es interessant, in Einzelfällen festzustellen, ob es Divergenzen in diesen Fragen gegeben hat. In meinem Einzelfall weiß ich nur mit schlechten Quellen, daß es starke Auseinandersetzungen um die Frage der

Untertageverlagerung gab. Das Motiv für die Untertageverlagerung ist ja einerseits Erweiterung der Kapazität, aber auch Schutz der Maschinen vor Zerstörung durch Luftangriffe. Und das ist das Hauptmotiv. Die Energie, mit der einzelne Betriebe versuchten, Untertageanlagen zu bekommen, hängt natürlich sehr stark von ihrer Einschätzung der Kriegslage und hier auch mit ihrer Regimetreue zusammen, da ist überhaupt kein Zweifel. Nur bin ich der Auffassung, daß man erst nach sehr vielen Einzelstudien dann gleichsam ein etwas zuverlässigeres Bild der Unternehmerverantwortlichkeit oder Unternehmensverantwortlichkeit in diesem Bereich verzeichnen kann. Damit kann man dann auch einige apologetische Argumente als fragwürdig darstellen, die davon ausgehen, daß jedenfalls nach 1942 die Autonomie des Unternehmerhandelns im Grunde nicht mehr gegeben ist.

Davon muß der Bereich der psychologischen Analyse abgetrennt werden, wobei ich etwas ängstlich bin, ob es überhaupt sinnvoll ist, in diesem Bereich mit individualpsychologischen Methoden arbeiten zu wollen, das heißt den einzelnen Unternehmer auf seine Motive hin abzuklopfen, weil nach meiner Kenntnis der Typus Management eine derartige individualhistorische Zugangsweise völlig sinnlos erscheinen läßt. Viele Unternehmer handeln in einer bestimmten Richtung, ohne daß sie das artikulieren. Auch hier in der Diskussion war immer im Hintergrund die Vorstellung, daß irgendwo doch das Management über seine Aktionen reflektiert haben müsse. Wer sagt denn das? Und insofern kann man nur mit einer prosopographischen Analyse sowohl der Unternehmensführungen wie auch der Unternehmerpersönlichkeiten oder Bankerpersönlichkeiten versuchen, ein Bild zu gewinnen. Wenn es gelänge, dieses zu tun, würde man aus einer Schwarz-weiß- und moralischen Darstellung herauskommen und begreifen, was anders sein muß, daß Industrieunternehmen sich in Grenzsituationen dieser Zumutungen mindestens zu erwehren versuchen. Und in den meisten Fällen ist es ja nicht wahr, daß man den Versuch gemacht hat oder die Absicht gehabt hätte, sich der Zumutung zu erwehren, sondern sich eigentlich voll in die gesamtpolitische Linie etwa im ganzen Bereich der Arbeitsmarktpolitik begeben hat. Der einzige Fall eines dem Widerstand angehörigen Unternehmers ist ja gleichzeitig hier hinterfragt worden, weil sich herausstellt, daß der Konzern (Bosch) sich selbst in dem kriegswirtschaftlichen System überhaupt nicht anders verhält als die anderen. So daß eine Erklärung für dieses Problem auch im Hinblick auf zukünftige Situationen nicht in der individuellen Physiognomie und Psychologie des Einzelunternehmers gesucht werden kann, wohl aber in der Frage, inwieweit bestimmte Elemente der deutschen politischen Tradition und Kultur – siehe sehr hohe autoritäre Grundhaltung oder auch legalistische Grundhaltung, die zur Akzeptanz der NS-Gesetzgebung führen – es erleichtert haben, daß die Industrie, wie man heute sagen kann, zu weiten Teilen den Irrweg bis zum Ende beschritten hat.

Klaus Hildebrand

Da muß ich Sie erst einmal enttäuschen. Ich bin also mit Hans Mommsen ganz einverstanden, daß wir eine individualisierende, fallweise Untersuchung, eine Untersuchungsreihe brauchen. Erst dann können wir vergleichen und Ihre Frage nach Handlungszwang oder Handlungsspielraum einigermaßen beantworten, möglicherweise so etwas wie einen Unternehmertypus präparieren. Das ist ein Ergebnis, das ich hier an diesen beiden Tagen gelernt habe. Es ist nicht nur von Unternehmen zu Unternehmen verschieden, sondern, wenn ich das hinzufügen darf, auch innerhalb von einem Unternehmen wie meinem Untersuchungsgegenstand gibt es ganz große Verschiedenheiten. Beispiel: Ich glaube, daß dieser fast patriarchalisch verehrte Generaldirektor Dorpmüller in seinem allgemeinen Kurs, den er mitgetragen hat, gar nicht viel Handlungsspielraum hatte. Dieser Handlungsspielraum war allgemein wahrscheinlich gering, nur persönlich hatte er etwa vom Jahre 1940/41 an aus verschiedenen Gründen einen recht großen Handlungsspielraum. Er hätte jederzeit zurücktreten können. Das war ihm persönlich möglich. Speer hat darauf gehofft, weil er schon andere Vorstellungen hatte. Warum Dorpmüller das nicht getan hat, entzieht sich unserer Kenntnis. Ich nehme auch an, es wird immer ein Rätsel bleiben, weil er nicht ein Mann der Schriftlichkeit war. Andere Beamte aber hätten sich dieses nicht leisten können. Das Beamtengesetz wurde ja geändert. Was zuvor erlaubt war, nämlich bei Inkaufnahme materieller Nachteile jederzeit ausscheiden zu können, wurde per Dekret verboten, das heißt der Handlungsspielraum war begrenzt. Aber ich würde nicht so kühn sein, schon nach diesen beiden ergiebigen Taten einen Unternehmertypus zu entwerfen.

Peter Hayes

Ohne eine Entschuldigung zu liefern, muß ich zuerst sagen, die Gefahren waren relativ groß und je größer die Firma, desto größer waren die Gefahren. Denunziantentum in Deutschland war weit verbreitet, und die Beispiele, die wir immer vorbringen, sind sehr interessant. Eduard Schulte war Geschäftsführer einer Firma, die oft Gelegenheit bot, in die Schweiz zu fahren. Immerhin ist er der Gestapo im letzten Augenblick entkommen, das heißt, es war eine ganz knappe Sache, daß er schließlich mit dem Leben aus seiner Tätigkeit entkam. Oskar Schindler war ein sehr kleiner Mann. Er war ein Held. Aber betrieblich oder kommerziell gesehen, war das ein sehr personaler Betrieb, den er dort führte. Berthold Beitz, der bei einer Großfirma arbeitete, hat schließlich die Schlacht verloren. Die Menschen sind tot. Er war imstande, diese Menschen drei Jahre lang am Leben zu halten, weil er weit draußen in Ostpolen saß und niemand in Essen eine Papierspur von dem bekam, was er tat, und ihn angezeigt hatte. Aber letzten Endes war er nicht imstande, das zu tun, was Oskar Schindler tat. Das erste ist, es war sehr schwierig und man hatte auch allerlei Gründe, nichts zu tun. Im Grunde genommen gab es nur einen Grund, das Richtige zu tun, und das war ein moralischer, prinzipieller Standpunkt.

Wenn wir jetzt von einem Unternehmertypus sprechen wollen, braucht man eine groß angelegte prosoprographische Studie zum deutschen Unternehmertum im Dritten Reich, um überhaupt die Basis zu haben, verallgemeinern zu können. Auf der anderen Seite gab es keine unbegrenzte Bandbreite von Verhaltensmustern. Es gab doch ähnliche Aufgaben, ähnliche Verantwortungen und Denkarten. Es handelt sich hier nicht um Metaphysiker, es handelt sich um pragmatische Männer, die tagtäglich Verantwortung für andere Menschen und für Betriebe und für Firmennamen trugen. Letzten Endes hatten sie schon die Möglichkeit, sich andere Aktionen vorzustellen, zum Beispiel ob man den Arbeitern ein bißchen mehr Suppe gab. Tatsächlich standen sie wirklich vor nur einer Wahl, entweder aus verschiedenen vorgetäuschten Gründen zurückzutreten und «ohne mich» zu sagen oder persönlich zu handeln. Und dies haben sie mit einer pragmatischen Denkart gemacht. Wenn zum Beispiel Schnitzler und Ilgner zu Göring gingen mit der Absicht, die Autarkiepolitik zu verwässern, dann gingen sie mit der Bereitschaft dorthin, einen Kompromiß mit den Nazis einzugehen. Weil sie pragmatische Menschen waren. Als Carl Bosch im Frühling 1933 zum «Führer» gegangen ist, um heftig gegen die Judenpolitik zu protestieren, hat er nicht gesagt, «mein Führer, was Sie jetzt vorhaben, ist moralisch falsch». Das hätte bei den Nazis nicht gegriffen. Er ist hingegangen und sagte, das schade Deutschland, das sei für den Außenhandel schlecht. Und genauso ist es 1937 gewesen. Man wollte die Handelspolitik des Landes ändern, war aber natürlich nicht imstande, Göring zu vollkommen anderen Grundprinzipien zu bringen. Wir können natürlich von einer pragmatischen Denkart sprechen, die mehr oder weniger für diesen Unternehmer kennzeichnend war. Wir sollen aber auch die Gefahr vermeiden, diese Menschen im großen und ganzen zu verteufeln.

Klaus Hildebrand

Darf ich eine Frage stellen an Sie, Peter Hayes, weil mich das, was Sie gesagt haben, interessiert hat. Sie haben Unternehmer geschildert, völlig mit Recht, als pragmatische Menschen. Daraus haben Sie sehr viel erklärt. Aber das sind ja auch Menschen, die aus einem Milieu, aus einer Kultur kommen, in der Freiheit, Initiative, Unternehmertum Tugenden waren; freilich hat es gerade in diesem Bereich der Wirtschaft, im Unternehmertum, wenn wir vom Bosch-Beispiel einmal absehen, keinen Widerstand gegeben. Dagegen hat es Organisationen gegeben, die par excellence ans Dienen gewöhnt waren, wo das Gehorchen das Prinzip der Karriere war, in der Bürokratie, in der Wehrmacht, und da hat es Widerstand gegeben. Und das ist jetzt keine rhetorische Frage: Wie kommt das?

Peter Hayes

Es ist natürlich eine schwere Frage, und wenn ich überlege, finde ich alle möglichen Antworten falsch. Ich war eben dabei, etwas wie eine überparteiliche Tradition zu sagen, aber das gilt auch für die Bürokratie und auch für die Militärs. In der politischen Geschichte Deutschlands, gewiß am Vorabend des Ersten Weltkrieges und auch für die Mehrzahl der Jahre der Weimarer Republik, war es beinahe atypisch, daß Unternehmer selber politisch aktiv waren. Vertreter schon, Männer wie Gustav Stresemann waren dafür da. Aber der Leiter einer Aktiengesellschaft – das gehörte nicht zu der Tradition, und dies hat eine Relevanz in diesem Kontext. Aber Großunternehmer tragen natürlich eine große Verantwortung, eine tagtägliche Verantwortung für Betriebe, für aller Art Kleinkram, der sie beschäftigt. Und dies ist im Vergleich mit den führenden Kräften des Militärs – Beck zum Beispiel oder Stauffenberg – wesentlich stärker. Ich habe einmal einen Leiter der damaligen I.G.-Farben interviewt – Wilhelm Rudolf Mann. Ich habe diese Frage gestellt: Wenn man 1939 so klar wußte, daß alles Wirtschaften auf den Krieg hinauszielte, warum hat man das nicht getan, was Hermann Hummel, der Ende der Weimarer Republik ein sehr wichtiger Mann in I.G.-Farben war, tat? Das heißt, warum ist man nicht ins Ausland gegangen? Und Mann guckte mich an und sagte einfach, Fahnenflucht wäre das gewesen. Mit dieser Einstellung konnte man sich eine ganze Menge entschuldigen.

Harold James

Der Wirtschaftsmanager ist in einem großen Betrieb ein kleines Zahnrad, und er sieht nicht direkt die Folgen seiner Aktionen. Er gibt schriftliche Anweisungen, er trifft Entscheidungen, aber das, was vor sich geht, zum Beispiel I.G.-Farben in Auschwitz, ist weit weg. Man sieht nicht die Konsequenzen, man kann sich davon abschotten. Während beim Militär, wenn man da in der Tasche am Gürtel die Pistole hat, da hat man mehr das Gefühl, für ein bestimmtes Ereignis verantwortlich zu sein. Also es ist gerade bei den Wirtschaftsleuten diese Einstellung in das große Geflecht, das das Moralische verkürzt, also das zu der Versuchung verleitet, so ganz kurzsichtig zu sein, nicht weiter zu blättern, nicht weiterblättern zu wollen. Und bei den Militärs ist eigentlich die Frage der Verantwortung direkter und kann auch direkter gestellt werden.

Hans Mommsen

Lassen Sie uns besser über Management reden, zumal der Begriff Unternehmer bestimmte Eigentumsverhältnisse impliziert, die für die Frage, die hier ansteht, irrelevant sind. Es ist ganz eindeutig, daß die deutschen Unternehmer dem Widerstand nicht angehört haben, weil der deutsche Widerstand gegen Hitler fast ausnahmslos von Außenseitern entweder Links oder Rechts geführt worden ist, und die Unternehmerschaft stand bekanntlich in der liberalen Mitte. Ich würde auch den Unterschied machen zwischen Widerstand und, um noch mal diese berühmte Frage der Menschlichkeit anzusprechen, zwischen dem, was man dann in den Betrieben tolerierte. Und da ist es sehr schwer, nur mit dem Argument das verständlich zu machen, daß es sich um Krieg handelt, wenn man dann die Verhältnisse dieser sowjetischen Arbeitskolonnen sieht oder die Verhältnisse in den Ostarbeitersiedlungen vor 1943 oder dann auch die Verhältnisse in den Nebenlagern der Konzentrationslager. Und da habe ich Schwierigkeiten, das nun gleichsam noch funktionell zu erklären, obwohl etwa Grieger ganz deutlich macht, daß selbst ein Regimegegner wie Wilhelm Haspel überhaupt keinen Moment zögert, jüdische KZ-Häftlinge einzusetzen, um die Existenz der Firma zu retten. Und hier ist ein Konflikt, der bleibt bestehen und ist nicht durch langfristige oder durch politische Konstellationen zu lösen.

Avraham Barkai

Wir sprachen nur vom Großunternehmen, in welchem es schon gar nicht klar ist, wo der Unternehmer aufhört und der Manager anfängt. Aber es gab Hunderttausende von kleineren Unternehmern in Deutschland. Wenn wir über die kumulative Radikalisierung in der Judenpolitik sprechen, da spielte gerade diese Mittelschicht von Unternehmern in der Arisierung nicht erst von 1938, sondern von 1933, 1934 und 1935 an eine sehr große Rolle. Wenn eine so breite Schicht der Bevölkerung aus ihrem eigenen privaten Interesse, sich zu bereichern, das hier instrumentalisiert wurde, in diese politisch gezielte, ideologisch motivierte Politik mit verstrickt war, dann kommen wir nicht darum herum, auch die ideologische Komponente mit einzubeziehen, die letzten Endes dann auch auf die höhere Schicht einwirken muß. Denn gesellschaftliche Normen sind ein Teil der herrschenden Ideologie, und die verändert sich im Laufe von gezielter Propaganda, gezielter Indoktrination, und das geht dann auch bis in die Spitzen. Wenn diese Detailstudien wirklich erfolgreich sein sollten, müßten wir auch diese Schicht von Unternehmern mit einbeziehen. Ich will nur ein Beispiel sagen, wir sprechen über Zwangsarbeit, aber nicht nur I.G.-Farben hat Zwangsarbeiter beschäftigt. Wolf Gruner[1] schreibt über kleinere und mittlere Unternehmen, die schon in den späten dreißiger Jahren ein KZ für jüdische Zwangsarbeiter neben den Betrieb aufmachten. Und in den besetzten Ländern gab es auf diesem Gebiet auch zumindest Zehntausende von deutschen kleineren Unternehmern wie Schindler, die an diesem Prozeß beteiligt waren; und das sollte in die Forschung einbezogen werden.

Knudt Borchardt

Ich möchte davor warnen, anzunehmen, daß wir je in der Lage sein werden, die Entscheidungsprozesse, um die es sich hier handelt, in einer Weise aufzuklären, daß intersubjektiv verstehbare und für jedermann gleichermaßen nützliche Erkenntnis daraus zu ziehen wäre. Auch was die Erinnerung von Zeitzeugen betrifft, ist Vorsicht am Platze, wie wir aus betriebswirtschaftlichen Untersuchungen großer Entscheidungsprozesse in Firmen wissen. Selbst wenn man kurze Zeit später an Entscheidungen Beteiligte mit dem Zeugnis der Akten und übrigen Informationen konfrontiert, kommt oft heraus, daß ihre Aussagen völlig neben der Wirklichkeit liegen, weil ihre individuelle Wahrnehmung nichts mit den tatsächlichen Prozessen zu tun hatte.

Ich beziehe mich vor allem auf ein Forschungsprojekt meines betriebswirtschaftlichen Kollegen Eberhard Witte über die Entscheidungen zur Einführung von Großanlagen zur Datenverarbeitung in Unternehmen und Verwaltungen. Sowohl die Akten wie auch mehr oder weniger involvierte Personen wurden seinerzeit befragt. Die Ergebnisse waren verwirrend: Leute hielten sich für maßgeblich, von denen die Akten sagten, daß die Personen mit den Entscheidungen gar nichts zu tun hatten (und umgekehrt). Aber dann gab es in der Hierarchie weit unten Fachleute, bei denen festgestellt werden konnte, daß im Grunde sie die Millionenbeschlüsse gemacht haben. Und irgend jemand hat (neben anderen) Dokumente abgezeichnet, ohne sie zu verstehen, später aber womöglich behauptet, er habe die Entscheidung tatsächlich getroffen. In Wahrheit hatte er damit inhaltlich nichts zu tun. All das sind betriebswirtschaftliche Erfahrungen, die viele von uns haben. Ich möchte der Illusion entgegentreten, wir könnten (ausgerechnet noch für eine Zeit, in der Schriftlichkeit aus zahlreichen, das Leben gefährdenden Gründen, reduziert war und die Zerstörungen von Quellen ja noch hinzu kommen) aus Aktenlage und Zeitzeugen-

1 Wolf Gruner, *Der geschlossene Arbeitseinsatz deutscher Juden. Zur Zwangsarbeit als Element der Verfolgung 1938–1943,* bes. 21 ff.

urteilen zu intersubjektiv gültigen, jedermann überzeugenden Ergebnissen hinsichtlich von Entscheidungsabläufen und Verantwortlichkeiten kommen. Es wird, wie bei den Mediävisten, die aufgrund weniger Urkunden große Gemälde entwerfen.

Ein Zweites. Es ist hier wiederholt gefragt worden, und insbesondere sind die Sprecher aus den Unternehmungen gefragt worden: Warum erst jetzt diese Studie? Das ist eine Frage, die natürlich nicht vornehmnlich auf die Einstellung dieser oder jener Individuen zielen kann und die sich auch nicht auf der Ebene der Individualmoral allein beantworten läßt. Dahinter liegen auch sozialwissenschaftlich interessante strukturelle Probleme. Man könnte mehrere Gründe nennen. Ich beschränke mich auf das folgende: Wir leben seit 1945 in einer Demokratie, zu deren Grundrechten es gehört, daß Personen im Anklagezustand schweigen dürfen. Und von einem latenten Anklagezustand wird man hinsichtlich der hier verhandelten Aktivitäten von Unternehmen reden dürfen. Wenn inzwischen «Angeklagte« sich leichter offenbaren bzw. die notwendigen Dokumente leichter zur Verfügung stellen, so liegt das auch daran, daß in den letzten zehn Jahren die Offenlegung der Probleme und der Beteiligung an schrecklichen Vorgängen nicht mehr der höchst riskante Einzelfall ist, sondern daß die Offenlegung dabei ist, ein Massenphänomen zu werden. Es macht einen großen Unterschied für ein Unternehmen, ob es früher als einzelnes das Risiko möglicherweise immenser Wettbewerbsnachteile auf sich nehmen sollte oder ob es jetzt die Zahl der schwarzen Schafe vermehrt. Über lange Zeit hin haben Unternehmensleitungen keine hinreichend genauen Vorstellungen darüber haben können, was alles in ihrem geschäftlichen Umfeld passiert, wenn sie die Beteiligung am NS-Unrecht detaillierter offenlegen. Ein Unternehmen, das sage ich als Ökonom, ist in der Tat nicht primär ein Erzeuger historischer Wahrheit, sondern eine Korporation, die in den Risikofeldern, in denen sie organisiert ist und argumentiert, in wettbewerblichen Zusammenhängen denkt.

Oskar Grünwald

Lassen Sie mich aber doch zwei Bemerkungen machen und zwar in die Richtung, wie das dargeboten wurde. Man konnte den Eindruck gewinnen, daß Unternehmungen nur aus Vorstand und Aufsichtsrat bestehen. Und das ist natürlich nicht so, wie wir alle wissen. Daher möchte ich zwei Dinge noch ergänzen, nämlich Arisierungen, von denen wir wiederholt gesprochen haben, waren ja nicht nur besonders in Österreich ein Raubzug von Unternehmern, das waren ja auch Raubzüge von schönen Positionen. Und das ist eigentlich ein bißchen unter den Tisch gefallen. Zum zweiten hat es in österreichischen, also damals ost-märkischen, Unternehmungen «Widerstand» gegeben, allerdings von Gewerkschaftern, von Sozialdemokraten und Kommunisten, und es gibt Dutzende Todesurteile, es gibt Inhaftierungen und natürlich KZ-Aufenthalte. Das steht doch in einem beachtlichen Kontrast zu dem, was in der Unternehmensspitze geschehen ist. Und ich glaube, das sollte man auch irgendwo, und sei es auch nur anstandshalber gegenüber den Toten, erwähnen.

In einem Punkt bin ich ganz und gar nicht Ihrer Auffassung, nämlich daß sich handelnde Personen, insbesondere Personen an der Spitze einer Organisation, nicht immer wieder die Frage der moralischen Legitimität ihres Handelns stellen. Meine Erfahrung ist, daß sie das tun, daß sie untereinander darüber sprechen, daß sie das nicht unbedingt in Aktennotizen festhalten, aber daß es sehr wohl geschieht und immer wieder geschieht. Ich verweise etwa auf die unerhörten Gewissensnöte, die die deutschen Militärs hatten und wovon wir wissen. Oder ein ganz anderes Beispiel: Wie haben die deutschen Physiker und die anglo-amerikanischen Physiker sich zur Atombombe gestellt? Das ist vielfach dokumentiert, auch literarisch aufgearbeitet. Ich halte es ganz und gar für ausgeschlossen, daß die Wirtschaftsspitzen sich nicht immer wieder diese Frage gestellt haben. Sie ist vielleicht historisch nicht zu erfassen, das gebe ich schon zu, aber ich glaube, es war damals für die handelnden Personen doch eine offene und schwierige Frage.

Klaus Hildebrand

Bei allen schwerwiegenden, gravierenden Unterschieden zwischen Unternehmern oder Managern auf der einen und Arbeitern auf der anderen Seite, die im Sozialen natürlich riesig waren, gab es eine gemeinsame Tendenz, der sie unterlagen, nämlich die einer politischen Entrechtung. Das war das Gemeinsame. Und die Zwänge, die das Regime auf Unternehmer, auf Arbeiter, auf Generäle, auf Soldaten, auf hohe Beamte wie auf subalterne ausübte, nahmen zu. Die Willens- und Handlungsfreiheit wurde sukzessive, ob man das kumulativ nennt oder schubweise, eingeschränkt. Dieser Entwicklung endlich zu widerstehen, sich gegen sie aufzulehnen, erforderte am Schluß Heldenmut. Das ist etwas Seltenes, das bleibt die Ausnahme, das ist eine Rarität.

Was heißt das jetzt – danach fragen Sie ja – für uns? Für unsere Zeit, würde ich sagen, ist dies zu bedenken: Der Teufel betritt jeweils in anderem Gewand und durch eine andere Tür die Bühne. Und eine Demokratie, also eine offene Gesellschaft muß sich, weil ihre Einfalltore für Ideen weit offen sind und sein müssen, mit zahlreichen, ganz unterschiedlichen Herausforderungen auseinandersetzen; sie muß nicht zuletzt der totalitären Versuchung widerstehen; sie kann gar nicht anders, sie muß es wachsam tun. Und diese Wachsamkeit würde ich wiederum nicht routinehaft und einseitig verstehen. Denn das, was heute als das Gegebene, das politisch Korrekte erscheint, kann genau das Gegenteil von Gutgemeintem bedeuten und den Boden für etwas ganz anderes bereiten. Anders herum gewendet: Wir müssen darauf achten, daß die Voraussetzungen und die Bedingungen erhalten bleiben, die uns vor dem bewahren, was viele derjenigen durchmachen mußten, über die wir gesprochen haben. Dieses Bewußtsein zu pflegen und Rückfälle zu vermeiden, muß unsere Aufgabe sein. Das ist, was ich aus diesen beiden Tagen gelernt habe.

Autorenverzeichnis

Dr. Avraham Barkai
Vorsitzender des Jerusalemer Leo Baeck Instituts

Prof. Dr. Knudt Borchardt
Emeritus der Ludwigs-Maximilians-Universität, München

Prof. Dr. Gerald D. Feldman
University of Berkeley at California

Prof. Dr. Lothar Gall
Johann Wolfgang Goethe-Universität, Frankfurt

Dr. Manfred Grieger
Bochum

Dr. Oskar Grünwald
Vorsitzender des Aufsichtsrates der ÖMV AG

Prof. Dr. Peter Hayes
Northwestern University, Illinois

Prof. Dr. Klaus Hildebrand
Rheinische Friedrich-Wilhelms-Universität, Bonn

Prof. Dr. Carl-Ludwig Holtfrerich
Freie Universität Berlin

Prof. Dr. Harold James
Princeton University

Prof. Dr. Guido Knopp
Zweites Deutsches Fernsehen

Dr. Christopher Kopper
Universität Göttingen

Prof. Dr. Hans Mommsen
Ruhr-Universität, Bochum

Dr. Anthony Nicholls (Fellow)
St. Anthony's College, Oxford

Prof. Dr. Manfred Pohl
Leiter des Historischen Instituts der Deutschen Bank, Frankfurt

Prof. Dr. Marie-Luise Recker
Johann Wolfgang Goethe-Universität, Frankfurt

Dr. Joachim Scholtyseck
Universität Karlsruhe

Dr. Mark Spoerer
Universität Hohenheim, Stuttgart

Prof. Dr. Henry A. Turner
Yale University, New Haven

Personenverzeichnis

Firmenverzeichnis